Hubert Nowak
Lesereise Wien

Hubert Nowak

Lesereise Wien

*Walzer, Wein
und Lebenskünstler*

Picus Verlag Wien

Copyright © 2018 Picus Verlag Ges.m.b.H., Wien
Alle Rechte vorbehalten
Grafische Gestaltung: Dorothea Löcker, Wien
Umschlagabbildung:
© mauritius images / Arnold Schaffer
Druck und Verarbeitung:
EuroPB, s.r.o., Tschechische Republik
ISBN 978-3-7117-1091-8

Informationen über das aktuelle Programm
des Picus Verlags und Veranstaltungen unter
www.picus.at

Inhalt

Typisch Wienerisch
*Die Bim, ein grantiger Loser und ein raunzerisches
»Geeh biiitte ...!«* 9

Auf alten Pfaden
*Mit einem Fremdenführer durch das romantische Wien
und aufs Standesamt* 19

Im Reich von Leonardo
Des Kaisers alte Hofburg hat viele Bewohner 29

Wann wird der Dom endlich fertig?
*Über den Reiz des Unfertigen und den Aufwand zu
dessen Erhaltung* 37

Wir spielen/Die Einzelkämpferin
Wo Kino mehr ist als nur Leidenschaft 51

Wir spielen/Die beiden Einzelkämpfer
*Zwei Schauspieler kaufen sich ein Theater und machen
sich selbständig* 58

Mezzo Porno
*Über Seitensprünge im Opernbetrieb und Pornografie
als politische Botschaft* 65

Zwischen Künstlern und Skeletten
*Von prominent besetzten Kaffeekränzchen über den
Gängen voll mit Mumien* 75

Der Wein und der Tod
Im Wienerlied sind Lachen und Weinen Zwillinge 87

Olles Oasch
Die Untiefen der Sprache entblößen die Seele 97

Der Ton der Emotion
In Wien, wo alles schwingt, tanzen die Noten nicht nur Walzer 105

Gans wie bei der Oma
Es muss kein Haubenlokal sein, um die Martinigans mit Rotwein flirten zu lassen 119

Lebenskünstler
Die Bobos und der Liebe Augustin 125

Typisch wienerisch

*Die Bim, ein grantiger Loser und ein raunzerisches
»Geeh biiitte ...!«*

Das Wiener Würstchen heißt hier Frankfurter. Und das Wiener Schnitzel kommt eigentlich aus Mailand. Logisch? Typisch für Wien ist das Unlogische. Wien ist jedenfalls nicht mit der reinen Vernunft zu begreifen. Kant wäre hier verzweifelt. Gegen die Wand gerannt. Oder gegen eine *Bim*. Aber Kant war ein Preuße und kein Wiener. Hier gab es dafür einen Freud für jedes Leid in der Liebe.

Diese Stadt entzieht sich dem Raster, nicht ganz, aber immer ein bisschen. Immer ein wenig neben der Linie, nie ganz gerade, nie ganz streng. Für alles gibt es eine Ausnahme. Die Bauordnung ist so gefinkelt, dass selbst Architekten verzweifeln. Die Kurzparkzonen sind ein Fleckerlteppich, auch für die »Parkpickerl« gibt es verschiedene Zonen mit unterschiedlichen Beginn- und Endzeiten und erlaubten Stehzeiten und diverse Ausnahmezonen, sodass die Autofahrer immer unsicher sind, ob sie jetzt korrekt bezahlt haben. Die Verwirrung ist System, das die Einnahmen für die Stadt erhöht.

Überall anders ist die laut bimmelnde *Bim* einfach eine Straßenbahn. Hier kann sie auch eine *Tram* sein. *Tram*, wie Tramway, sagen die Älteren – aber bitte ja nicht richtig englisch ausgesprochen! Wien hat ein Tramwaymuseum, aber kein Bimmuseum.

Man ahnt es schon, die Stadt ist kompliziert. Von ihrer Geschichte her, in ihrem Innenleben, in ihrer Struktur. Fremde mögen glauben, die Wiener leben alle als Fiaker, Kellner und Heurigenmusiker. Werkelmann und Wäschermädel sind leider ausgestorben, sonst wäre das Freilichtmuseum perfekt. In der Tat bezieht Wien seine Identität aus der Geschichte. Sie lässt sich als Kaiserstadt hofieren, obwohl der letzte Kaiser schon vor mehr als hundert Jahren verjagt worden ist. An solchen Doppelbödigkeiten ist diese Stadt beileibe nicht arm. Man sagt den Wienern ein großes Herz nach, weich und großzügig ist es, das goldene Wienerherz. Angeblich. Wenn es nicht schon im schwarzen Humor erstickt ist. Das Chanson vom *Tauben vergiften im Park* von Georg Kreisler hat sich hunderttausendfach verkauft. Gut, man hat Georg Kreisler ja auch nicht gut behandelt in dieser Stadt. Wie so viele andere. Mit jüdischer Herkunft waren die, die fliehen konnten, noch am besten dran. Kreisler, der kein begeisterter Jude war, wie er über sich selbst sagte, überlebte in den USA. Dort hat er sich seine satirische Scharfzüngigkeit bewahrt. *Der guate, alte Franz* demaskierte die Gutmütigkeit als Gemeinheit. Kreisler gab gerne den Aufmüpfigen. »Du kriegst einen Titel und ein Zertifikat. Dann bist du ein Starker, und fort mit den Schwachen«, sang er, der giftige Anarchist, in *Wir sind doch alle, alle Terroristen*. Auch das ist das goldene Wienerherz.

Kreisler wurde vorgeworfen, von anderen abgeschrieben zu haben. In Wien verschwimmt leicht, was ein Original ist und was nicht. Wahrscheinlich eine Folge dessen, dass hier so viele ihre DNA-Spuren eingebracht haben. Oft haben Kriege das Wienerische mitgeformt. Die Türken wurden 1683 zwar abgewehrt, aber Kipferln und Kaffee sind seither nicht wegzudenken. Die Franzosen unter Napoleon wollten die Habsburger niederringen, und kurze Zeit residierte Bonaparte sogar im Schloss Schönbrunn. Er hatte Wien besetzt, das war die größte Schmach, aber wer vornehm wirken wollte, ließ seitdem trotzdem französische Brocken in seinen wienerischen Wortschatz einfließen. Da flanierten nasal parlierende Großbürger und Hausmeister auf dem Trottoir und zückten beim Heurigen ihr Portemonnaie. Und dann waren da noch die vielen Volksgruppen, die mehr oder weniger freiwillig und friedlich unter der Krone der Doppelmonarchie zusammenlebten. Und in der Hauptreichs- und Residenzstadt ihre Spuren hinterließen. Ungarn, Polen, Ukrainer, Slowenen, Italiener, Kroaten, Serben und Rumänen gehörten zur Monarchie. Die größte Volksgruppe außer den Deutschsprechenden waren die Tschechen.

Das ergab eine Mischkulanz von ungeheurer Buntheit. Ein Schmelztiegel war die Stadt, doch von ungehemmter Offenheit gegenüber den Fremden ist Wien bis heute nicht. Zu viele Ausländer sollen es bitte nicht sein, gibt es doch schon Schulklassen, in denen alle Kinder eine andere Muttersprache haben als Deutsch. Und zu viele Touristen bitte auch nicht. Millionen überschwemmen immerhin Jahr für Jahr das Schloss Schönbrunn, die Hofburg und den Stephansdom. Italiener, Chinesen, Deutsche, Koreaner, Franzosen. Die ganze Welt ist hier gerne zu Gast. Und lässt Geld da. Aber die Wiener sind auch gerne unter sich und genießen ihr Gulasch und die Zwetschkenknödel und denken dabei nicht darüber nach, dass das auch aus dem Ausland gekommen ist. Das Gulyas aus Ungarn und die Knödel aus Böhmen. Die nördlichen Nachbarn haben überhaupt viel in die Kaiserstadt importiert. Dienstmädel und Ziegelarbeiter. Die Ziegelböhm waren die ausgebeuteten Hilfsarbeiter im Bauboom der Gründerzeit, an der Wende vom neunzehnten zum zwanzigsten Jahrhundert. Ohne die von ihnen geformten Ziegel stünden heute viele Prachtbauten an der Ringstraße nicht. Ihre Frauen mussten dazuverdienen und wurden als Dienstboten zum Statussymbol des aufblühenden Bürgertums. Die böhmischen Köchinnen brachten den deftigen Schweinsbraten mit Sauerkraut und Knödel, die Rindsrouladen, gefüllte Paprika, duftende Buchteln und die verlockenden Powideltascherl in die Menükarten ein.

Als das Wiener Telefonbuch noch ein Telefonbuch war, bis zu vier richtig dicke Wälzer, bevor alle mit ihrem Handy nur noch online nach Nummern suchten, da konnte man schwarz auf weiß erkennen, welche Spuren die Tschechen sonst noch im Wiener Völkchen hinterlassen haben. Von Bednarik bis Zapletal wimmelt es von Nachfahren der Zugewanderten von damals, von Busek über Klestil bis Vranitzky haben es Politiker mit tschechischen

Namen an die Spitze der Republik gebracht. Zum Glück haben die Österreicher aber immer der lustigen Versuchung widerstanden, die tschechischen Namen in ihrer wörtlichen Übersetzung zu verwenden. Da wäre dann aus Blecha der Floh geworden und aus Cap der Storch, aus Morak der Truthahn, aus Sykora die Meise und aus Wrabetz der Spatz.

Sie alle sind aber sowieso Minderheiten im Vergleich zu den Novaks und den Nowaks. Mitte des zwanzigsten Jahrhunderts gab es mehrere Untersuchungen über die Namen in Wien. Rund vierzig Prozent der Eintragungen im Adressbuch attestierte man tschechischen Ursprung. Eindeutig an der Spitze, fast in den Top-Hundert aller Namen in Österreich, steht Novak. An zweiter Stelle: Nowak. Erst dann kommen Swoboda, Pokorny und Co. Die Novaks allein sind schon fast doppelt so viele wie die Nowaks. Die mit »W« sind also eindeutig die elitäreren. Trotzdem keine Seltenheit, dass sich zwei dieser Spezies über den Weg laufen. Der Autor dieser Zeilen und Reinhard Nowak, der Schauspieler und Kabarettist. Beide mit »W«, aber weder verwandt noch verschwägert. Und beide irgendwie stolz, wenigstens nicht zu der ganz profanen Mehrheit derer mit »V« zu gehören, wenngleich Cissy Kraner ihr berühmtes Lied über den Novak, der sie nicht verkommen lässt, einem mit »V« gewidmet hat.

Der mit »W«, der Schauspieler und Kabarettist, gilt als typischer Vertreter der Wiener Spezies. Keiner kann das raunzerische »*Geeh biiitte ...!*« so schicksalsergeben dehnen wie er. Und doch kann auch er das typisch Wienerische nicht leicht definieren. Ob das daran liegt, dass er eigentlich gebürtiger Münchner ist? Nein, natürlich sei er ein Wiener, ein waschechter, protestiert er. Geprägt wird man dort, wo man aufwächst. Die Oma kommt irgendwo aus dem Böhmischen, woher genau weiß er gar nicht. Der Vater, ein Werkzeugmacher, der ihm das sagen könnte, ist früh gestorben. Der aber wurde schon in Wien geboren. Die Mutter war Burgenländerin, die beiden haben aber bei BMW in München gearbeitet und so ist ihnen dort ungeplantermaßen der Reinhard »passiert«.

Nach seiner Geburt haben die Eltern geheiratet und sind zurück nach Wien. Da ist er zunächst im zweiten Bezirk aufgewachsen, in einer Wohnung mit der Oma, auf Zimmer-Küche-Kabinett, und als er drei war, ist die kleine Familie in den vierzehnten Bezirk gezogen. Heute wohnt er mit seiner Frau und seiner Tochter im Zwanzigsten.

Er muss den Typus, den er zumeist verkörpert, gar nicht besonders studieren und erforschen. Seit dem Kinohit *Hinterholz 8* in den neunziger Jahren, und noch viel mehr in den Fernsehserien *Kaisermühlen-Blues* und erst recht in *Die Lottosieger*, ist er der, der sein Schicksal bejammert, selbst wenn dieses es gar nicht so schlecht mit ihm gemeint hat. Der Wiener grantelt eben gerne und nörgelt. »Ein Kellner im Kaffeehaus muss granteln, der darf gar nicht gut aufgelegt sein«, sagt Reinhard Nowak. Österreich sei schließlich nicht ohne Grund in einer Umfrage einmal zu einem der unfreundlichsten Länder überhaupt gewählt worden. Ob das nicht einfach nur ein Klischee ist? Natürlich. Und ob er dieses Klischee nicht auch ganz bewusst pflegt? Klar doch, gibt er zu.

Dennoch, der grantige Loser wurde sein Erfolgsrezept. Gerne würde er auch einmal andere Rollen spielen, aber gegen den eigenen Typus kommt man schwer an. »Einen Bruce Willis, der ein ganzes Hochhaus rettet, würde man mir nicht abnehmen«, sagt er. Und für einen Hamlet fehlt ihm die klassische Bühnensprache. »Das war mir immer zuwider, zu künstlich. Ich mag lieber echte, realistische Menschen, keine Kunstfiguren mit einer Kunstsprache.« In seinen Typen will er sich selbst erkennen. Ein grantiger TV-Kommissar aber wäre schon eher nach seinem Geschmack. Den spielt er zumindest auf der Kabarettbühne. Als *Commissario Nowak* fahndet er dort nach dem Wesen der Dummheit. Leichtgläubigkeit zum Beispiel regt ihn besonders auf.

Mit den Proben kippt er immer mehr in seinen Typus hinein. Als Lottosieger, der seinen Gewinn geheim halten möchte, gelang ihm das besonders leicht. Die Rolle war ihm auf den Leib geschrieben. Selbstverständlich scheitert er mit seinem Vorhaben. Er heißt ja auch Rudi Deschek. Der *Deschek*, nach dem ungarischen »Wie bitte?«, das ist in Wien der, der draufzahlt, dem nichts gelingt, der Loser.

Wäre Wien so voll mit diesen Verlierertypen, dann wäre es wohl nicht die Stadt mit dem Flair einer pulsierenden Weltstadt, attraktiv für Gäste aus aller Welt, begehrt zum Wohnen und als Wirtschaftsstandort. Auch Reinhard Nowak lebt gerne in Wien, sagt er, die Stadt sei lebenswert und sicher, London beispielsweise sei viel innovativer, moderner, dynamischer. »Wien entwickelt sich weniger, schläft ein wenig. Ich weiß aber nicht, ob ich es in London oder New York auf Dauer aushalten würde.« Einer wie er kann ohnedies nur in Wien leben. »Auch in Innsbruck würde ich es nicht aushalten«, gesteht er, »die Berge drücken mir aufs Gemüt, da wird man noch engstirniger – das ist aber schon wieder ein Klischee«, korrigiert er sich gleich selbst. Denn auch in Wien sind nicht alle verbohrt und mieselsüchtig. Selbst wenn in der *Bim* oder in der *Tram* (je nachdem) fast jeder mit seinem Handy abgekapselt seiner Wege fährt. Dass man hier so gern grantelt, hat für ihn auch mit dem Klima zu tun, jedenfalls mit den nebeligen, trüben Wochen im Herbst und im Winter. Kein Vergleich mit Kalifornien. Aber Wurzeln schlagen könnte er dort auch nicht. Vielleicht würde ihm dort das Elixier zum Granteln abgehen.

Dass ein echter Wiener nicht untergeht, hat schon in den siebziger Jahren eine andere Kultfigur des Fernsehens bewiesen. Edmund Sackbauer, der »Mundl«, fluchte und schimpfte, drohte seinem Sohn, dem Karli, hin und wieder eine Watschen an und versuchte seiner Tochter Hanni die Flausen vom Ausbrechen in die Welt des Bildungsbürgertums auszutreiben. Seine Frau, die Toni, musste nicht selten unter Tränen die familiären Wogen glätten, die der aufbrausende und doch gutmütige Mundl verursacht hatte. Karl Merkatz hat diesen Vertreter der Wiener Arbeiterschicht verkörpert. Die offene Präsentation dieses Alltagslebens in breitem Wiener Dialekt hat damals zu heftigen Kontroversen geführt. Der Mundl war ein (zu) harter Spiegel des einfach gestrickten Wiener Typs. »Der war viel cholerischer als meine Figuren«, sagt Reinhard Nowak, der seine Rollen eher auf gemütlich, bequem und gelegentlich sogar faul anlegt.

Wenn er selbst der Gefühlswelt des Rudi Deschek erliegt, dem »Warum passiert das gerade mir?«, dem »Warum habe ich diese Rolle jetzt nicht bekommen?«, dann richtet auch er sich an seiner Frau auf. Die ist in Istanbul geboren, kam im Alter von sechs Jahren nach Wien und fühlt sich ebenso als Wienerin. Aber als positiv denkende. Denn irgendwann kommt für Reinhard ja doch wirklich wieder ein neues Angebot. Aber auf die Rolle freut er sich erst, wenn der Vertrag unterschrieben ist. Und auf den Urlaubsort freut er sich erst, wenn er wirklich dort ist. Der Wiener ist eben vorsichtig. Warum Reinhard Nowak dann überhaupt diesen unsicheren Beruf eines Schauspielers ergriffen hat? Weil er eine Zangengeburt war, mutmaßt er selbst in einem seiner Kabarettprogramme. »Weil ich so klein bin und zu wenig Liebe und Aufmerksamkeit bekommen habe.« Ganz uneitel nennt er zum Vergleich Weltstars wie Robert De Niro oder Dustin Hoffman, die auch nur um die ein Meter siebzig groß sind und trotzdem auf Leinwand und Bühne viel Aufmerksamkeit genießen. Der typische Wiener hat gerne seine Bühne. Nicht nur die große am Burgtheater, auch die kleine, am Stammtisch, im Freundeskreis. Dort, wo man unbedenklich raunzen und seinem *Schmäh* ungehindert Raum geben kann.

Auch der *Schmäh* ist, so sagt man, typisch wienerisch. Und genauso schwer zu fassen. Er ist angesiedelt irgendwo zwischen herzlich gemeintem Charme und gezielter Irritation. Ein Hinwegsetzen über die Ernsthaftigkeit. Unsinn und Leichtigkeit, gemischt mit Sarkasmus, gelegentlich sogar Zynismus. Offene Freundlichkeit mit einem Schuss Schadenfreude, wenn es gelungen ist, jemanden anrennen zu lassen. Nicht wirklich böse, aber doch ein bisschen gemein. Zu spaßen ist mit dem Wiener *Schmäh* nicht. Er ist eine durchaus ernsthafte Methode, das Leben zu meistern, manchmal Kompensation der eigenen Unsicherheit. »Den *Schmäh* hab ich von meinem Vater übernommen, der hat mich auch nicht immer ernst genommen und mir Blödsinn erzählt«, sagt Reinhard Nowak. Typisch wienerisch. Nur nicht alles ernst nehmen. Abwarten. *Schau ma amal, dann seh ma schon.* Das ist Wien. Eine Stadt mit innerer Logik. Was nicht heißt, dass man die von außen verstehen muss, schon gar nicht mit reiner Vernunft.

Auf alten Pfaden

Mit einem Fremdenführer durch das romantische Wien und aufs Standesamt

Nichts wirkt romantisch an diesem Jännertag in der Stadt. Es ist kalt. Seit Jahren schon gibt es im Winter hier kaum noch Schnee. Aber Nebel und Nieselregen haben dem Klimawandel getrotzt. In den westlichen Bundesländern klagt man, dass in Wien immer der Wind weht. Aber wenn man ihn braucht, um den Nebel zu vertreiben, ist er nie da. Der seinerseits schafft es aber auch nicht, die Touristen zu vertreiben, für die ist die Stadt immer interessant.

Eine kleine Gruppe von ihnen trifft sich auf dem Hohen Markt für eine Stadtführung. »Romantische Altstadt« ist das Thema, aber der Hohe Markt ist gar nicht romantisch. Autos parken um den Josefsbrunnen, oben in der Ankeruhr ziehen zu jeder Stunde große Persönlichkeiten vorbei. »Um XI Uhr Kaiserin Maria Theresia und Gemahl«, erklärt die Tafel, »Um XII Uhr Meister Joseph Haydn« und »Um I Uhr Kaiser Marcus Aurelius«. Der war zwar kein Wiener, aber mit ihm begann die Geschichte von Wien. Das römische Forum von Vindobona befand sich an dieser Stelle, später wurde es der Fischmarkt. Der Pranger stand da. Und Wasserweiber verkauften das kostbare Nass aus Zisternenwagen. Die Wiener Hochquellwasserleitungen waren noch in weiter Ferne. Pest und Cholera wechselten einander ab.

Das alles erfahren ein Ehepaar aus Hamburg und drei Frauen aus Oberösterreich von ihrem Guide. Wolfgang Auinger führt die kleine Gruppe zügig über die Judengasse zur Ruprechtskirche, der ältesten Kirche Wiens. Er erzählt von jüdischen Geldverleihern und dem Salzhandel. Salztor und Salzgries zeugen noch von den Geschäften mit dem weißen Gold aus Salzburg. Dort, wo die alte Donau früher unberechenbar war, bis ins neunzehnte Jahrhundert, mit fünf sich ständig verändernden Armen, war der Hafen. Die Griechen als Seefahrer waren auch gute Binnenschiffer. Die Griechengasse erinnert an sie, die ist wirklich romantisch. Die alten Häuser des Steirerhofs waren Teil der Stadtmauer. Unterschiedlich hineingewürfelte Fenster in verschobenen Etagen. Auch eine Moschee war da. Hier spürt man das mittelalterliche Wien. Mehr als drei Viertel der Stadtmauer waren zuletzt verbaut, also bewohnt. Nur ein Viertel war frei stehend. Bis Kaiser Franz Joseph alles »demolieren« ließ, um Platz zu machen für die Ringstraße und die Prachtbauten, was Johann Strauss prompt mit seiner *Demolirer-Polka* auf die Schaufel nahm. Im Griechenviertel gibt es keine Paläste. Das angeblich älteste Gasthaus der Stadt, das Griechenbeisl, musste auch den Ansturm der Türken ertragen. Kanonenkugeln aus 1529 stecken seit Jahrhunderten im Gemäuer. Dahinter ein gotischer Wohnturm aus dem dreizehnten Jahrhundert, ein Hochhaus des Mittelalters.

Auinger erzählt davon, wie sich die Häuser im alten Wien auf dem weichen ufernahen Grund zueinander neigten, bis man ihnen um 1570 Schwibbögen zur gegenseitigen Abstützung verordnete, »auf dass die Häuser sich nicht länger küssen«. Jetzt fühlt sich die kleine Gruppe angekommen im romantischen alten Wien. Man stellt sich vor, wie damals Pferdefuhrwerke mit Schweinen und Hühnern um die Gassenhoheit stritten, wie morgens die Nachttöpfe aus den Fenstern geleert wurden. Romantisch.

Die Gäste sind begeistert. »Wir mögen Wien«, sagt das Hamburger Ehepaar, »diese Stadt strahlt einfach Gemütlichkeit aus.« Gemütlich hat es da auch schon der liebe Augustin gefunden, der besoffene Spielmann, der mitsamt seinem Dudelsack in ein Massengrab mit Pesttoten gefallen ist. »Das war zwar nicht hier, wo sein Denkmal steht, sondern hinter dem heutigen Volkstheater«, erklärt der Führer, »er hieß eigentlich Marx Augustin, wurde gerettet und hat danach noch viele Jahre gelebt. Beim Heurigen hat er dann immer erzählt, wie's bei den Toten ausschaut.«

Diese Geschichte lieben die Gäste. Sie passt so zu Wien. Zumindest zu dem, wie alle glauben, dass Wien so ist. Ja, man müsse schon aufpassen als Fremdenführer, dass man nicht nur die Klischees transportiert. Wolfgang Auinger ist sich seiner Verantwortung durchaus bewusst. Am meisten kommen die Gäste wegen der Musik und wegen der imperialen Vergangenheit her. Das moderne Wien ist weniger gefragt bei den Touristen, erst bei denen, die mindestens drei Tage oder länger da sind, könne man auch solche Themen vermitteln. »Aber viele Touristen wollen die Stadt nur anhand einer Liste abarbeiten, die buchen eine Stadtführung im Autobus, die brauchen nicht uns als individuelle Stadtführer.«

Angebote auch für Spezialinteressen gäbe es genug. Das unterirdische Wien, auf den Spuren von Orson Welles und dem Dritten Mann, das süße Wien, als Rallye vom Apfelstrudel zum Kaiserschmarrn, oder Prunkstücke des Jugendstils oder bedeutsame Brunnen. Weniger gefragt ist das politische Wien. Dabei gäbe es auch hier viel zu sehen, nicht nur Parlament, Rathaus und Ballhausplatz, auch viele Denkmäler und Erinnerungstafeln, von Marc Anton bis Josef Stalin (der hat 1913 in der Schönbrunner Schloßstraße gelebt), oder manch riesigen Gemeindebau. Die aus der Zwischenkriegszeit sind bis heute Symbole des Roten Wien, jener Zeit also, in der die Sozialdemokraten den sozialen Wohnbau vorantrieben wie in keiner anderen Stadt der Welt. Anlagen wie der Karl-Marx-Hof sind politische Statements und Denkmäler zugleich.

Je jünger die Geschichte, desto weniger scheint sie für Touristen interessant. Über das moderne Wien kann er erst erzählen, wenn sich eine Gruppe auch Zeit nimmt für eine Fahrt außerhalb des Zentrums. Auf der anderen Seite der Reichsbrücke, bei der UNO-City und den Hochhäusern, kann sich Wien ganz anders präsentieren. Die Donau ist für Fremdenführer überhaupt ein eigenes Thema. »Vor allem die Asiaten sind ganz enttäuscht, wenn sie den Donaukanal sehen, die sind ganz fertig, dass die Donau so klein ist. Und bring ich sie dann an die richtige Donau, dann vermissen sie die Stadt.«

Dabei ist der Donaukanal der Stadtbevölkerung mindestens so lieb wie der Hauptarm. Jedenfalls im Sommer, da vermitteln die grünen Uferböschungen ein Gefühl von Strand, an dem man chillen und relaxen kann. Erholung ist etwas für die Älteren, aber hier pulsiert das junge Leben, mit Musik aus trendigen Lokalen, in denen man in Hängematten oder Liegestühlen Cocktails schlürft und sich die lauen Nächte verkürzt.

Die kleine Gruppe auf der Suche nach dem romantischen Wien ist inzwischen durch den Heiligenkreuzerhof gegangen, hat die Scheinkuppel in der Jesuitenkirche bestaunt und manch Wissenswertes über die Straßennamen erfahren. Dass in der Bognergasse früher Pfeil und Bogen erzeugt wurden und Seile in der Seilergasse. Allen ist kalt, außer dem Guide. Der macht Tempo. In der Bäckerstraße, früher – erraten – Zentrum der Bäcker, bestaunt man das Bild einer Kuh mit Brille. Sie steht an einem Backgammon-Brett einem Wolf gegenüber. Das Wandbild aus dem sechzehnten Jahrhundert ist wahrscheinlich eine Karikatur über den Streit um den wahren Glauben. »Die Kuh ist ein fetter Katholik, der Wolf ein gieriger Lutheraner, das Spielbrett ist die Austauschfläche für Argumente und der betuchte Mann mit dem Besen ist ein verunsicherter Bischof«, erklärt der Reiseführer. Die Gäste sind amüsiert und steuern dann auf das Haus mit der größten der dreizehn von Mozart in Wien benützten Wohnungen zu.

»Das hat schon Flair, wirklich, ich bin ganz fasziniert«, zeigt sich der Besucher aus Hamburg von Wien neuerlich begeistert. »Mir gefällt, wie sauber alles ist«, ergänzt seine Frau. Das ist typisch, erklärt Auinger danach. »Die Hamburger wollen nichts vom Business hören, die wollen das ruhige, nostalgische, romantische Wien sehen, die grüne Großstadt, in der man gut essen und trinken kann.« Die Damen aus Oberösterreich erzählen, dass sie auch schon Führungen in Schönbrunn und der Hofburg mitgemacht haben.

Auinger bemüht sich zu vermitteln, »dass Wien mehr ist als Lipizzaner und Sachertorte. Aber der Gruppentourist will sehen, wofür Wien berühmt ist.« Wenn er Privatgäste und Firmengruppen führt, lässt sich mehr an Inhalten transportieren. Seit zehn Jahren ist er Stadtführer. Als Student war er nebenbei Reiseleiter, ging dann nach Singapur, kam zurück, war Personalentwickler im Forschungszentrum Seibersdorf und dann bei einem amerikanischen Unternehmen. Danach wagte er den Schritt in die Selbständigkeit, besann sich auf seine Studienzeit und machte die Fremdenführerausbildung. Heute hat er zudem ein Reisebüro, begleitet Gruppen ins Ausland und betreibt mit anderen Guides eine Marketingplattform, über die Spezialisten in diversen Sprachen auch zu Sonderthemen gebucht werden können. »Im letzten Jahr haben wir mehr in Englisch geführt als in Deutsch, bereits an dritter Stelle kommt Chinesisch, das ist schon mehr als Spanisch oder Italienisch«, plaudert er aus dem Nähkästchen. Einer seiner Kollegen, Klaus-Dieter

Schmidt, ist »unser Spezialist für Friedhöfe«, sagt Auinger.

Schmidt ist ein Spätberufener unter den Fremdenführern, und als solcher gar keine Seltenheit. Erst mit einundsechzig, als Pensionist, hat er die viersemestrige Fremdenführerausbildung begonnen und mit einem Diplom abgeschlossen. Davor war der gelernte Jurist Counsel und Prokurist eines internationalen Computerkonzerns in Wien und als dessen Rechtsvertreter auch für einige Ostländer zuständig. Leuten von dort die Stadt zu zeigen, wenn sie in Wien waren, war ihm immer ein Anliegen. »Es macht mir Freude, Leute zu treffen und ihnen das Wesen von Wien zu vermitteln«, sagt er. Dazu gehören eben auch Friedhöfe. Schon mit der Mutter hat er die Gräber der Verwandten auf diversen Friedhöfen besucht. »Mich haben immer die Geschichten fasziniert, die hinter den Grabsteinen stehen.« Ansatzlos weiß er, welcher Prominente wo begraben liegt. Kürzlich erst habe er am Hietzinger Friedhof Gustav Klimt, Otto Wagner, Franz Grillparzer und Fanny Elßler besucht. Oskar Werners Grab ist leider weit weg, in Triesen in Liechtenstein, bedauert Schmidt, war er doch als Student für einige Zeit dessen Privatsekretär und durfte für ihn Briefe tippen.

Das Interesse für die Geschichte der Stadt hat er zu seinem Hobby gemacht. Regalweise sammelt er in seiner Wohnung Literatur über Wien. Wenn Bedarf ist, führt er durch das romantische Wien, das süße Wien, das erotische Wien oder das musikalische Wien. Dabei zeigt er gerne hinter der Oper eine Gedenktafel, die einem berühmten Italiener gilt.

Der war trotz europaweiter Berühmtheit in seiner Heimat nicht mehr gefragt und wollte Hofmusiker bei Kaiser Karl VI. werden. Dummerweise verstarb dieser vor seinem Engagement, worauf auch der Künstler nichts mehr zum Leben hatte. Deshalb wurde Antonio Vivaldi 1741 auf dem damaligen Armenfriedhof bei der Karlskirche begraben. Genau fünfzig Jahre später hat man Wolfgang Amadeus Mozart gleich auf den St. Marxer Friedhof hinausgekarrt. Bei keinem Thema wird ein Wien-Tourist um den Tod herumkommen. Die Stadt hat immerhin auch ein Bestattungsmuseum zu bieten.

Für solche Schmankerln nehmen sich Touristen selten Zeit. »Die meisten wollen nur die Highlights sehen«, erzählt Schmidt, »Japaner und Amerikaner wollen wissen, wie gemütlich die Stadt wirklich ist, ob also das Klischee stimmt.« Ja, mit Klischees sei man oft konfrontiert in diesem Metier, bei kurzen Führungen dagegen anzukämpfen sei kaum möglich und auch nicht unbedingt sein Anliegen.

Viele Städtereisende besuchen Wien, Prag, Budapest und Salzburg im Block. »Am schlimmsten sind die mit der Acht-Tage-Tour, die streifen Prag, Krumau, Salzburg, die Wachau, Wien, Budapest und Bratislava. Die waren dann überall und nirgendwo«, meint Wolfgang Auinger. »Der Individualtourist macht weniger Stationen, sieht aber mehr. Den stärksten Eindruck hinterlässt Prag, weil es wie eine Filmkulisse wirkt, obwohl es sehr überlaufen ist. Die interessanteste Stadt für die meisten ist aber Wien, wegen der Geschichte.«

Mit der umzugehen ist auch für geschulte Fremdenführer nicht immer einfach. Die kleine Gruppe aus Hamburg und Oberösterreich ist pflegeleicht, fragt wenig nach. Das ist nicht immer so. Amerikaner zum Beispiel werden spätestens nach einer Stunde unruhig, wenn der Guide nichts über die Nazizeit erzählt.»Die unterstellen leicht, dass man das verschweigen will«, sagt Auinger. Andere wieder fordern ganz konkrete Punkte der Stadt ein. Für Asiaten ist Wien die Stadt der Musik schlechthin. Eine Stadtrundfahrt ohne Stopp beim Johann-Strauss-Denkmal ist undenkbar.»Wenn man das nicht fotografiert hat, war man nicht in Wien«, so Auinger. Portugiesen und Brasilianer brauchen unbedingt Zeit für einen Großeinkauf im Manner-Shop am Stephansplatz.»Die lieben Mannerschnitten bis zum Gehtnichtmehr.« Die Asiaten müssen zum Heurigen, die Amerikaner ins Kaffeehaus.

Für Gäste aus Spanien und Lateinamerika sind die Habsburger alles, die wollen nach Schönbrunn und in die Hofburg,»obwohl es um dieselben Personen geht, dieselbe Geschichte, und weil ihnen die Möbel so gefallen, gehen sie auch noch ins Hofmobiliendepot.« Die Franzosen dagegen haben selbst ausreichend kaiserliches Erbe,»die stehen mehr auf Jugendstil, Art nouveau, die gehen viel in Museen. Die Russen auch, die zieht es ins Belvedere und ins Leopold Museum zu Klimt und Schiele.« Der routinierte Fremdenführer kennt seine Schäfchen. Auch die inländischen.

Österreicher haben ein anderes Vorwissen.»Denen muss man weniger über die Habsburger erzählen, dafür mehr Details über Gebäude.« Aber politisch sensibel seien die bisweilen auch. »Für die Tiroler ist Wien im Osten, ganz weit weg. Wien hat uns verkauft zu Andreas Hofers Zeiten, schwingt manchmal mit.« Für Kärntner sei die jüngere Geschichte wichtig, »die fühlen sich über Jahrzehnte schlecht behandelt vom roten Wien«, erzählt Auinger, »die kritisieren oft die Großbauten und deren Kosten.« Manches Vorurteil der Besucher aus dem In- und Ausland sei da aufzubrechen und manches vermeintliche Wissen zu korrigieren. Etwa wenn Schüler aus Dresden steif und fest glauben, der Heldenplatz heiße so, weil dort Hitler eine Rede gehalten hat.

Andere nehmen dafür mehr als nur gute Erinnerungen mit. Eine Heiratsurkunde zum Beispiel mit der Unterschrift ihres Fremdenführers. Ein Pärchen aus der Schweiz fragte eines Tages Klaus-Dieter Schmidt am Donnerbrunnen, ob er übermorgen Zeit habe – als Trauzeuge einer Hochzeit, von der niemand sonst wisse. Er hatte. Die beiden sind seither nicht nur miteinander verbunden, sondern auch mit Wien und ihrem Fremdenführer.

Im Reich von Leonardo

Des Kaisers alte Hofburg hat viele Bewohner

Er liegt wie ein Trauma über diesem Platz, der 15. März 1938. Die chinesische Reisegruppe, die gerade dem Fähnchen ihres Führers hinterherhetzt, interessiert der Schleier der Geschichte kaum. Schnell ein paar Schnappschüsse mit dem Handy und hinaus auf den Ring. Die Wiener sehen die Aura immer noch zwiespältig. Schön ist er ja doch, dieser Platz vor der Burg, die zum Glück nicht fertig gebaut wurde. Unvollendet, wie der Stephansdom. Ein Kaiserforum war nach dem Schleifen der Stadtmauern hier geplant. Ein spiegelbildlicher Trakt der Neuen Burg hätte mit dem Naturhistorischen und dem Kunsthistorischen Museum einen imposanten symmetrischen Innenhof ergeben sollen, wie zwei große Klammern für die beiden Helden Erzherzog Karl und Prinz Eugen. Die Fantasie von Kaiser Franz Joseph war größer als seine Mittel.

Jetzt ist der Blick frei von der Hofburg auf das Parlament und das Rathaus. So verbinden sich Monarchie und Republik. Der Horizont ist nun weiter als der des alten Kaisers.

Auf einer Sitzbank mitten am Platz sind ein paar Buchseiten aus Aluminiumplatten angekettet, verleiten zum Lesen in Deutsch oder Englisch, aus dem Roman *Heldenplatz* von Ernst Lothar, geschrieben 1945. Toni, der Gymnasiast, denkt darin über Recht und Unrecht nach. »Gerechtigkeit ist nicht der Beweis von Schuld oder Unschuld«, sagt ihm ein alter, einsam gewordener Jude.

Weit können die Gedanken da schweifen. Der Platz lässt es zu. Musste schon viel zulassen. Eine Mätresse der Geschichte. Nach den Nazis hatten die Russen die Schlüssel zur Hofburg. 1955 wurden der rote Stern und die Porträts von Lenin und Stalin wieder abgenommen. Die Besatzungsoffiziere hatten sich hier breitgemacht. Kleine Tafeln an einem Pfeiler im Durchgang Richtung Michaelerplatz berichten von Rudolf Novak, einem Tischler, der hier gebraucht wurde: »Hauptsächlich waren die Goldsessel zum Reparieren. Waren alle hin. Na klar, wenn sich der Russ drauf setzt mit sein G'wicht, die passen ja net auf.« Der Tischler war Angestellter der Burghauptmannschaft. Die ist heute noch dazu da, um aufzupassen auf die Burg. Falsch: auf die Hofburg. Die »Burg« ist für die Wiener das Burgtheater. Die »Hofburg« ist die Hofburg, die ursprünglich ja wirklich als Burg gebaut wurde. Im frühen dreizehnten Jahrhundert legte der Babenbergerherzog Leopold VI. den Grundstein, noch im sechzehnten Jahrhundert bewachten hohe Wehrtürme den wenig repräsentativen Bau. Später erst wurde aus der Burg ein Schloss, um darin standesgemäß ein Hofzeremoniell wie in Spanien oder Frankreich zelebrieren zu können, ein architektonischer Fleckerlteppich mit Zubauten aus allen Kunstepochen. Den Kern von damals gibt es heute noch, den Schweizerhof, benannt nach der Schweizer Garde, die rund um 1750 auch in Wien, wie in vielen Herrscherhäusern, die Mächtigen schützte. Die alte Steintreppe vis à vis der Hofburgkapelle führt hinauf zum Büro des Burghauptmanns. Am Empfang sollen gelbgrüne Resopalplatten von mäßiger Ästhetik moderne Bürokompetenz vermitteln. Der Burghauptmann selbst »wohnt« gediegener, mit großem Schreibtisch, gemütlicher Sitzecke und schlagfreudiger Pendeluhr, unter seinen Fenstern die Sommerreitschule der Lipizzaner. Manchmal werde er sich trotz des Alltags schon des historischen Ortes bewusst, sagt er, vor allem wenn er Gäste die Säulenstiege herauf begleitet oder durch das Haus führt. Wobei: »Routine gibt es bei uns nicht.« Zu vielfältig sind die Aufgaben, zu unterschiedlich die Objekte, zu verschieden die Institutionen, die er zu unterstützen hat.

Die Burghauptmannschaft ist zuständig für rund vierhundert Objekte in ganz Österreich, für Burgen, Schlösser und Palais auf fünfundsechzig Liegenschaften. Von Schönbrunn bis zum Augarten, vom Belvedere bis zur Klimt-Villa, vom Schloss Ambras in Tirol bis zur KZ-Gedenkstätte in Mauthausen wird von ihr das gesamte im Besitz der Republik stehende baukulturelle Erbe Österreichs verwaltet. Der Chef ist also Herr über mehr wichtige Bauten als es je ein Herrscher war. »Manchmal beeindruckt mich das schon auch selbst«, sagt Reinhold Sahl, »aber ich bin ja nur der Hausmeister.« Dieser »Hausmeister« ist natürlich Hofrat und steht in Diensten des Wirtschaftsministeriums. Wie man Burghauptmann wird?«Wenn der alte in Pension geht, gibt es ein Turnier im Burghof, und das muss man gewinnen«, zwinkert er. Das wäre dem Juristen nicht schwergefallen, war er doch davor Soldat und als Oberst für Immobilien des Bundesheeres zuständig, für den baulichen Zustand und Betrieb von Kasernen, für Bekleidung und Verpflegung der Soldaten und militärisches Bauwesen. Jetzt ist der Oberösterreicher abgerüstet und nur noch Oberst der Miliz.

Die Hofburg in Wien ist das bei Weitem größte Gebäude in seinem Bauchladen. »Das ist überhaupt der größte zusammenhängende zivile Baukomplex Europas«, erklärt Sahl, »nur der Vatikan ist größer.« Zweitausendfünfhundert Räume gibt es hier mit zweihundertfünfzigtausend Quadratmetern Raumfläche. Die Hofburg ist auch sonst das anspruchsvollste Objekt, nicht nur wegen der Größe. »Es wurde über Jahrhunderte gebaut, da vereinigen sich Baustile vom dreizehnten bis zum beginnenden zwanzigsten Jahrhundert.« Die Wiener mögen die alte Kaiserresidenz, man hat an ihr noch weitergebaut, da hatte man die Habsburgerfamilie schon vertrieben und enteignet. Jetzt sind darin eine Vielzahl völlig unterschiedlich funktionierender Institutionen mit rund viertausend Beschäftigten untergebracht. Die Nationalbibliothek, Museen wie das Weltmuseum oder die Schatzkammer, eine Abteilung der Universität, die Präsidentschaftskanzlei, ein Kongresszentrum, das Palmenhaus, der Augustinerkeller, die Spanische Hofreitschule, mehrere Cafés, Souvenirgeschäfte, Büros für die OSZE und sogar Wohnungen.

Die seien heute nicht mehr so begehrt wie früher, sagt Sahl, dennoch gebe es eine Warteliste. »Es sind natürlich nicht so repräsentative, hohe Räume, oft ganz oben, zwar mit Lift, aber mit langen Wegen und ohne Abstellplatz für Autos oder Fahrräder.« Aber die Adresse betört. Zumal auch schon so manche Prominente hier residierten, wie der Komponist Gottfried von Einem oder der Schriftsteller Alexander Lernet-Holenia. Dass auch das Präsidentenehepaar Klestil gerne hier gleich eine repräsentative Dienstwohnung gehabt hätte, will er nicht kommentieren. »Das war vor meiner Zeit.« Er selbst wohnt auch nicht hier. Seine Familie ist in Oberösterreich geblieben, er pendelt viel.

In den kaiserlichen Repräsentationsräumen finden rund zwanzig Bälle im Jahr statt. Im Spiegelsaal und Zeremoniensaal, dem früheren Thronsaal, und dem erst 1923 fertiggestellten Festsaal wird getanzt wie in alten Zeiten. Da weht die feudale Unbeschwertheit durch die Gänge. In Wien können auch junge Paare noch den Linkswalzer, und um Mitternacht, zur Fledermaus-Quadrille von Johann Strauss, wird in Massenformation gestampft und gejohlt, dass man Angst bekommt um das altehrwürdige Gemäuer. Auch der Burghauptmann stürzt sich gelegentlich in den Smoking und ins Getümmel. »Einen Ball im Jahr suche ich mir aus«, verrät er, da führt er seine Frau aufs Wiener Parkett.

Wenn seine vier Kinder in Wien sind, dann steht anderes auf dem Programm. »Die mögen es, wenn ich mit ihnen die verwinkelten Dachböden besuche. Und Abenteuer pur ist für sie, wenn sie in den dunklen Kellern Schatzsuche spielen dürfen.« Zum Bedauern des fröhlichen Mannes sind die Keller aber alle »trocken«, wie er hinzufügt. Hier lagert kein Wein mehr, »nur ein paar alte, leere Fässer gibt es noch.« Voll in Originalfunktion ist dagegen noch immer die alte Klimaanlage. Vom Burggarten wird über Luftbrunnen Frischluft angesaugt und über die Kellergänge abgekühlt in die Prunkräume gepumpt. Einfach, aber wirkungsvoll. Die kaiserlichen Hände oben sollten doch nicht schwitzen. Hier unten hatte jemand anderer sein Reich. Leonardo, ein Kater im Dienste des Burghauptmanns, war der letzte seines Standes, der die Keller mäusefrei zu halten hatte. »Der ist leider gestorben«, erzählt der Burghauptmann. Ein Nachfolger ist bis jetzt nicht eingezogen, aber aus dem Burggarten könnte ein fremder Kater wohl einen Weg herein finden. Immerhin hat Leonardo hier auch durch enge Schlupfwinkel seine Spaziergänge gemacht.

Manche der unterirdischen Gänge sind sagenumwoben. Von einem Geheimgang erzählt man sich in Wien, der bis zur Stiftkaserne hinter dem MuseumsQuartier reichen soll. Durch ihn soll im absoluten Krisenfall die Staatsspitze in Sicherheit gebracht werden können. »Es gab vermutlich einen, aber ich hab den noch nicht gefunden«, zieht sich der Hofrat diplomatisch aus der Affäre, »aber ich muss ja nicht alles kennen. Wenn's ihn gibt, wird es schon wen geben, der sich auskennt«, schmunzelt er. Ein anderer Gang ist mittlerweile sehr bekannt, nämlich der zwischen Bundeskanzleramt und Hofburg. Durch den wich im Jahr 2000 die Bundesregierung den Demonstrationen oben aus, auf dem Weg zur Angelobung. »Das ist für viele Bedienstete der tägliche Weg zur Kantine«, sagt der Burghauptmann. Ein Plan für ein anderes unterirdisches Bauwerk liegt auf Eis. Eine Tiefgarage und ein Tiefspeicher für die Nationalbibliothek sind fertig konzipiert, aber wegen politischer Kontroversen aufgeschoben. Der Burghauptmann nimmt's gelassen. Bei ihm ist alles kompliziert. Er lebt damit, dass hier viele mitreden. Jede nur denkbare Rechtskonstruktion hat er in den Verträgen mit den diversen Nutzern der Hofburg.

Die vielen Besucher bekommen davon nichts mit. Sollen sie auch nicht. Sie bewundern das Ensemble. Entsprechend sensibel musste der Burghauptmann damit umgehen, als es darum ging, während der Generalsanierung des Parlaments den Großteil davon hier unterzubringen. Der Redoutensaal wurde zum Plenarsaal, und weil viele Büros nicht anders untergebracht werden konnten, mussten auf dem Heldenplatz und im Bibliothekshof neben dem Schmetterlingshaus Container-Pavillons aufgebaut werden. Die dunkelgrauen Blöcke sollen sich ducken und nicht weiter stören. Aber sie sind Zeichen des parlamentarischen Alltags. »Die Würde des Menschen ist unantastbar«, steht da, neben anderen Zitaten aus der Menschenrechtskonvention, der Verfassung und der EU-Grundrechts-Charta, auf Folien, die die Gebäude umhüllen. Vor dem SPÖ-Eingang stehen Trittroller. Dienstfahrzeuge einer Oppositionspartei? Mit diesem »DemokratieQuartier« sind für einige Jahre die höchsten Staatsorgane, Bundespräsident und Parlament, unter dem Dach der imperialen Hofburg vereint. Wenn das der Kaiser wüsste! Franz Joseph hat vom Parlament nichts gehalten, und jetzt das! Auf dem Pavillon hinten, wo das Parlamentspräsidium daheim ist, steht: »Alle Menschen sind frei« … Die daneben eingesperrten Schmetterlinge sind es nicht. Aber denen sind die Menschenrechte sowieso egal.

Wann wird der Dom endlich fertig?

Über den Reiz des Unfertigen und den Aufwand zu dessen Erhaltung

Das Unfertige hat eine besondere Aura. Die Fantasie macht sich selbständig und will es fertigstellen. Man stellt sich insgeheim vor, wie es denn wäre, wenn das, was man da so genial vor sich hat, in dieser Genialität auch noch komplettiert wäre. Es wäre ja vollkommen, nicht nur vollständig.

Franz Schuberts Sinfonie in h-Moll ist sein wohl berühmtestes symphonisches Werk, aber es ist nicht fertig. Der dritte Akt existiert nur in Klavierskizzen, nur einige Takte sind vollständig durchkomponiert. Wie so oft in seinem Leben war Schubert bei seiner siebten Symphonie an die Grenzen der Aussage oder auch der Form gestoßen, auf der Suche, das Großartige der ersten zwei Sätze zu vervollständigen. Er fand keine Antwort, kein Rezept, und brach ab. Kaum eine Musik fährt so ins Knochenmark wie Wolfgang Amadeus Mozarts Requiem. Es gilt als eines seiner beeindruckendsten Werke, aber er stellte es nicht mehr fertig. Mozart starb, bevor er es vollenden konnte. Nur etwa zwei Drittel davon sind gesichert von ihm, diese aber geben schon mehr als nur eine Ahnung davon, welche Emotion und Spiritualität sich der Komponist da von der Seele schrieb. Bachs Quadrupelfuge Nummer neunzehn in seinem Klavierzyklus »Die Kunst der Fuge« bricht nach dem zweihundertneununddreißigsten Takt ab. Anton Bruckners neunte Symphonie ist unvollendet, Gustav Mahlers zehnte auch.

In der Literatur ist das Unvollständige oft von besonderem Interesse. Franz Kafka hat viele seiner Texte, sogar drei Romane, nicht fertiggestellt. Ulrich, Robert Musils »Mann ohne Eigenschaften«, findet in seinem Auflehnen gegen die Zerrissenheit der Moderne kein Romanende. Goethe hinterließ diverse unvollendete dramatische Dichtungen, die dennoch den Sinn des Ganzen zu vermitteln vermochten. So sind das *Prometheusfragment*, die *Pandora* oder *Der Zauberflöte anderer Teil* in sich abgerundet, irgendwie doch ein Ganzes.

Eine Ausstellung mit unvollendeten Werken von Paul Cézanne wurde in Wien gestürmt. Picassos Bildentwürfe erzielen Rekordpreise, so unfertig können sie gar nicht sein. Ein Meisterwerk muss nicht vollendet sein, um ein solches zu sein. Das Unfertige, wenn es gut ist und noch mehr verspricht, ohne es halten zu können, hat eine besondere Ausstrahlung. So auch der Wiener Stephansdom. Niemand mag ihn sich heute mit zwei gleich hohen Türmen vorstellen.

Der Stephansdom ist eine Ikone der sakralen Baukunst, genau so, wie er jetzt dasteht. Selbst der Dombaumeister, ein gelernter Architekt, könnte dem Aufbau des zweiten Turmes nichts abgewinnen. »Eine technische Herausforderung wäre es zweifellos«, sagt er, »aber letztlich ein Verlust an

Identität und Ausstrahlung.« Wien hat den einzigen großen Dom weltweit, bei dem der Turm höher ist als das Gebäude lang ist. »Zwei so extrem hohe Türme würden die Gesamtproportion sehr drücken«, gibt er zu bedenken. Plandarstellungen aus dem neunzehnten Jahrhundert mit beiden Türmen würden das beweisen, und heute sei das mit Computeranimationen überhaupt leicht visualisierbar. »So ist der Dom viel interessanter. Das geht von den beiden niedrigeren Westtürmen, den Heidentürmen, und dem halb fertigen Nordturm wie auf einer Spirale hinauf zur höchsten Spitze.«

Dombaumeister Wolfgang Zehetner muss zugeben, dass er schon oft gefragt wurde, warum denn der Dom noch immer nicht fertig sei. Denn schon seit 1511 hat er im Grunde sein heutiges unfertiges Aussehen. Damals wurden die Bauarbeiten am zweiten Turm eingestellt. Die Reformation, vor allem aber die aus Südosten herandrängenden Türken erforderten, dass man die Energie anderswo bündelte. 1529 standen die Türken erstmals tatsächlich vor Wien. Da brauchte man alle Kräfte zur Verteidigung. Die zweite Belagerung 1683 sollte noch viel bedrohlicher sein. Da war der eine Turm schon längst ein Wahrzeichen für das christliche Europa schlechthin, wenngleich man ein Kreuz an seine Spitze erst unmittelbar danach aufsetzte. Mitte des sechzehnten Jahrhunderts bekam der andere, der halbe Turm, zum Schutz der offenen Bauwunde die Welsche Haube aufgesetzt, die heute die darunter hängende Pummerin behütet.

Ein Dombaumeister hat heute nur noch die Aufgabe, die permanent notwendigen Erhaltungs- und Sanierungsarbeiten zu koordinieren. Der Wiederaufbau der Frauenkirche in Dresden habe ihn fachlich schon auch sehr fasziniert, sagt Zehetner. In seinen frühen Berufsjahren war er in Brasilien tätig. Da war nicht alter Sandstein sein täglich Brot, sondern Beton. In São Paulo hat er Industriegebäude, Speicher und Universitäten geplant. Deren Aufbau musste schnell gehen. Emotion konnte da nicht aufkommen. Nach einem Jahr kam er zurück und rutschte immer mehr hinein in die Welt der Denkmalpflege, der Sanierung von Kirchen und Klöstern, bis ihn eine erfolgreiche Bewerbung zum Stephansdom führte. Von seinem Büro aus kann er fast hinübergreifen auf den Dom. Täglich hört er die Glocken. Rein fachlich müsste er keine Beziehung zum katholischen Glauben haben, sagt er, aber er ist katholisch aufgewachsen, die Mutter war im Kirchenchor, und Kathedralen und Kirchenmusik sind für ihn ein Bestandteil seiner Beziehung zur Religion. »Die Mystik, die vom Dom ausgeht, berührt mich«, bekennt Zehetner.

Mit seiner Profession steht er in der langen Tradition der Dombauhütten. Seit dem Mittelalter wird hier das Fachwissen gehütet und weitergegeben. Die Geheimhaltung zum Schutz der eigenen Zunft, von der historisch oft die Rede ist, hält Zehetner für übertrieben. »Wir wissen heute, dass es einen regen Austausch gegeben hat. Lokal gemachte Erfindungen haben sich sehr schnell in ganz Europa ausgebreitet.« Dass sich die Freimaurer mit ihrer Mystik und ihrer Symbolik seit dreihundert

Jahren auf die Baukunst und ihre Geheimnisse berufen, spiele für diese wohl eine große Rolle, für die Bauhütten selbst aber nicht. Die Vernetzung ist heute auf der Höhe der Zeit. Ein EU-Forschungsprojekt über Nanotechnologie zur Steinkonservierung verbindet die Dombauhütte Wien mit den Domen von Pisa, Köln, Gent und Vitoria-Gasteiz im spanischen Baskenland sowie der Oper von Oslo. Fast alle historischen Bauten kämpfen schließlich mit den selben Problemen: Wie kann man Steinfassaden möglichst schonend restaurieren und für die Nachwelt erhalten? Nanotechnologie scheint hier erfolgversprechend, aber gerade mit den filigranen Formen des gotischen Stephansdoms muss man besonders sorgsam umgehen. Schon einmal, im vorigen Jahrhundert, hatte man geglaubt, mit chemischen Konservierungsmitteln die Probleme ein für alle Mal gelöst zu haben. Dabei wurden viele Fehler gemacht, neue Schäden erzeugt, weil der Stein darauf reagierte. Nicht in Wien, da war man extrem zurückhaltend, zum Ärger der chemischen Industrie damals, aber zum Glück für den Dom.

Wien hat das gar nicht selbstverständliche Privileg einer ständigen Bauhütte, ähnlich wie beim Kölner Dom. Vierzehn Fachkräfte, zumeist Steinmetze, auch ein Schlosser und drei Helfer sind hier fix angestellt. Die Werkstatt duckt sich unauffällig an der Nordseite an den Dom. Viel auffälliger sind die vielen Fiaker, die davor auf ihre Kundschaft warten.

Drinnen sind einige Steinmetze gerade mit Rekonstruktionen beschäftigt. Lukas, der jüngste, formt ein rund einen Meter langes Profilstück. Bis er an die ganz heiklen Teile herangelassen wird, muss er noch viel lernen, hänseln ihn die anderen und schicken ihn ums Frühstück. Die Stimmung ist gut hier. Für die Männer ist es ihr Dom, nicht irgendeine Baustelle. Christoph Getzner geht im rosa Overall durch die Halle. »Wir haben schon eine Sonderstellung«, sagt er offen, »so einen Arbeitsplatz findet man sonst nicht. Das ist was anderes als Bodenplatten zu verlegen, da sind alle mit Leib und Seele dabei«, lobt er die Kollegen, »denn sie wissen, wir dürfen die Rosinen der Bildhauerei machen.« Der groß gewachsene Vorarlberger hat in Graz Steinmetz und Bildhauerei gelernt. Hier ist er Stellvertreter des Werkstättenleiters. Die Rosinen, von denen er spricht, sind zum Beispiel die Fiale, an der gerade einer der Steinmetze arbeitet. Das filigran geformte Türmchen ist etwa sechzig Zentimeter lang, mit vielen kleinen Zacken an allen vier Seiten, den sogenannten Krabben. Rund einen Monat dauert es, bis das Stück fertig ist und an seinen Platz beim Südturm montiert werden kann. Viele Dutzend davon zieren den Dom, in verschiedenen Variationen. Auch die Teile in großer Höhe werden ganz exakt ausgearbeitet, nicht nur die im näheren Sichtbereich von unten. »Gott sieht alles«, hieß es früher, und so macht man es auch heute, erklärt Christoph. Auch das Material kommt immer noch aus den ursprünglichen Steinbrüchen. Längst wären Importe aus China billiger, aber wo Mannersdorfer Sandstein war, kommt wieder Mannersdorfer drauf, oder St. Margarethener, wie bei dieser

Fiale. Nur ein geübter Steinmetz findet die Stellen aus einem Block, die für exponierte Kleinteile geeignet sind. Ein harmloser kleiner Riss könnte eine frühzeitige Verwitterung auslösen.

In zweiundzwanzig Metern Höhe wird das Türmchen seinen Platz finden. Mit dem Lift geht es hinauf auf den Dachboden des Domes. Eine riesige Halle, das Dachgebälk wurde nach dem Brand im Krieg in Stahl und nicht mehr in Holz gebaut. Diverse Werkstücke lagern hier oben über dem Mittelschiff, Kopien von Wasserspeiern, Kreuzblumen, Fialtürmen. Vorne steht ein großes Modell, der Dom im Dom war ein Geschenk für den Wiener Bürgermeister Karl Lueger. Zehn Jahre hat man nur an dieser Nachbildung gebaut. Unweit daneben ein Laufrad, die Nachbildung eines mittelalterlichen Krans. Ein Mensch konnte damit, wie im Hamsterrad, das Achtfache seines Gewichts heben. Bei Führungen dürfen Kinder das gelegentlich noch probieren.

Durch eine enge Stahltür geht es hinaus. Plötzlich findet man sich in der geteerten Regenrinne des Domes, einem durchaus bequemen Gang. Atemberaubend der Blick auf den Stephansplatz. Von dort geht es weiter auf ein Gerüst. Christoph zeigt die Schäden an der Fassade. Die Winderosion hat diesem gigantischen Formenreichtum schon sehr zugesetzt, nach nur hundertfünfzig Jahren müssen exponierte Teile jetzt schon wieder erneuert werden.

Etwas weiter hinten ist ein Wasserspeier, ein löwenähnliches Fabelwesen – aus Styropor. Die exakte Nachbildung wird später mit einer Punktiernadel auf den Stein übertragen werden. Unweit daneben eine vornübergebeugte menschliche Figur: ein Wasserspeier im wörtlichen Sinn. Allerdings fehlt dem guten Mann schon der Kopf. Auch da muss etwas getan werden.

Die eingesetzten Rosetten, Profile, Fialen und Kreuzblumen werden wie im Mittelalter mit Bleifugen versetzt. Die Dübel zwischen den Steinen sind mittlerweile aus Edelstahl, das Eisen von damals hat durch den Rost den Stein gesprengt. Konische Hohlräume im Stein werden heute noch mit Blei ausgegossen, so halten die feinen Spitzen am besten.

Man spürt, wie Christoph Getzner beseelt ist von dem, was er hier mit seinen Kollegen machen darf. Der Blick hinauf auf das steile Dach fasziniert ihn immer noch. »Das muss ungeheuren Eindruck hinterlassen haben damals bei der Bevölkerung«, entfährt es ihm. Bei ein paar Dachziegeln ist die bunte Glasur abgeblättert. »Von denen haben wir noch genug Reserven, über dem Seitenschiff«, weiß er Bescheid.

Beim Zurückgehen über den Dachboden besucht Christoph zwei Steinmetze, die hier heroben in einer kleinen, beheizten Kammer arbeiten. Samuel und Nico sind akademische Bildhauer und als freie Mitarbeiter engagiert, wenn mehr zu tun ist. Jeder hat einen gar nicht großen Sandsteinblock vor sich, mit feinen Meißeln werden Rosetten für die Turmspitzen herausgeschlagen. »Das sind zwei Teile einer Doppelkreuzblume«, erklären sie, rund einen Monat arbeiten sie nur an diesem Stück.

Wenn nichts passiert. Dass beim Stemmen etwas abbricht, darf nicht vorkommen. »Das passiert auch kaum«, sagen sie, »größer ist die Gefahr, dass man sich bei so einer komplizierten Kreuzblume in der Form irrt, dass man zu viel wegnimmt. Dann muss man von vorne beginnen.« Mit Kartonschablonen werden die Rundungen nachkontrolliert, der weiche Stein lässt sich sogar noch mit Raspeln glatt feilen. Die anspruchsvolle Arbeit ist für die Bildhauer eine schöne Abwechslung, durch das kleine Fenster haben sie zudem den Ausblick auf den Stock-im-Eisen-Platz.

Neuer Stein zur Rekonstruktion wird nur noch dort eingesetzt, wo es gar nicht anders geht. 1964 haben sich die europäischen Denkmalpfleger zur Charta von Venedig durchgerungen, wonach nur das originale Stück das wirklich Wertvolle ist. Das Auswechseln von kaputten Steinen, was Bauhütten über Jahrhunderte immer gemacht haben, war dann eine Zeit lang verpönt. Auch in Wien gab es dazu heftige bauideologische Kontroversen. Aber ganz ohne Auswechslung geht es nicht, weiß auch das Denkmalamt. Sicherheit geht vor. Von den unzähligen Türmchen, Wasserspeiern, Friesen und Reliefs darf ja niemand erschlagen werden.

Gefährdete Stellen entdeckt man oft erst beim genauen Reinigen der Fassade. Dies geschieht mit feinen Sandstrahlgebläsen, kleinen rotierenden Metallmeißeln oder mit pulsierenden Laserstrahlen. Der Arbeiter steht auf dem Gerüst, mit weißem Overall, fast wie ein Chirurg. Nur trägt er eine Atemschutzmaske gegen Staub und nicht gegen Bakterien. Von dem wunderschönen Ausblick über die Stadt hat er nicht viel. Schwindelfrei muss er sein, das schon, aber vor allem muss er sich auf den Stein konzentrieren. Der saure Regen, der vor ein paar Jahrzehnten noch ganze Wälder vernichtet hat, ist durch Umweltschutzmaßnahmen nicht mehr so schlimm, erklärt er. Aber immer noch gibt es Schwefelverbindungen in der Luft. Die erzeugen mit dem Kalk des Steins eine Gipsschicht, durch den Ruß wird die schwarz, das sei nicht so schlimm, aber der Gips entzieht dem Stein Bindekraft und muss daher entfernt werden. Dann erkennt man erst so manchen Schaden, manchmal auch erst am Klang beim Abklopfen des Steins. Da kommen dann wieder andere Spezialisten herauf auf das Gerüst. Es werden Risse geschlossen, verspachtelt, manchmal auch mit Edelstahlstiften oder Carbonfasern verstärkt, erodierte Teile werden ergänzt und Wasserrinnen mit Bleiblech geschützt.

Damit neue Steinteile nicht gar so auffällig herausblitzen, werden sie manchmal sogar künstlich wieder etwas patiniert. Aqua-Sporka-Retuschen hätten die Italiener gemacht, sagt Wolfgang Zehetner, mit schmutzigem Wasser. Am Wiener Dom verwendet man gelegentlich Aquarellfarben als Patina, die wäscht der Regen nach einigen Jahren aus, aber in der Zwischenzeit hat der Stein schon natürlich etwas nachgedunkelt. Andererseits will man ja auch zeigen, dass am Dom etwas geschieht, erklärt Christoph, der Steinmetz.

Jedenfalls strahlt der Dom sauber und freundlich, wenn endlich das Gerüst wieder abgebaut ist.

Das freut die Wiener, wenngleich sie sich damit abgefunden haben, dass der Dom eine ewige Baustelle ist. »Solang der Dom ein Gerüst hat, geht's uns gut«, ist ein geflügeltes Wort in Wien. Und das braucht er immer irgendwo. Früher, so erzählt der Dombaumeister, hat man dort gearbeitet, wo die Schäden gerade am augenfälligsten waren. Heute, nach der glücklicherweise langen Friedensperiode, wird mit Computerprogrammen geplant, wo wieder eine Inspektion erforderlich ist, wie man notwendige Arbeiten am effizientesten kombinieren könnte. Denn der Kanon ist breit gefächert.

Von Zeit zu Zeit sieht man Arbeiter wie Bergsteiger auf dem Dach an langen Seilen hängen, mit gelben Helmen. Die Männer reinigen die glasierten Dachziegel, zwischen denen sich immer wieder Staub als Nährboden für Flugsamen ansammelt. Pflanzen können große Schäden anrichten, ebenso wie ätzender Vogelkot. Putzaktionen und effiziente Taubenabwehr gehören also ebenso zum Tätigkeitsprofil der Dombauhütte wie die exakte Dokumentation aller Tätigkeiten, vor allem, weil immer wieder neue Erkenntnisse gewonnen werden. Die Experten des Domes arbeiten eng zusammen mit Universitäten und dem Denkmalamt. Alte Pläne sind nicht restlos erhalten. »Ein Plan war damals nur ein Hilfsmittel für den Bau. Wenn das Gebäude fertig war, hat man oft die Pläne weggeworfen«, sagt der Dombaumeister. Im Kulturverständnis früherer Zeit haben Archivare jeden lateinischen oder griechischen Text viel wichtiger genommen als eine Planzeichnung. Die Geisteswissenschaften waren dominant. Heute haben auch Pläne einen hohen Wert. Wien hat vergleichsweise noch relativ viel aus dem Mittelalter gesammelt. Die erhaltenen Originalpläne des Domes liegen im Wien Museum und im Kupferstichkabinett der Akademie der bildenden Künste. Aber in jüngster Zeit hat man ohnedies noch viel präzisere Methoden zu Hand. Mit Laserstrahlen und Fotogrammetrie hat man bereits viele Teile des Domes dreidimensional dokumentiert. Diese Erkenntnisse werden an mehreren Instituten gesichert und der Forschung zugänglich gemacht. Denn längst sind noch nicht alle Geheimnisse des Domes gelüftet und immer wieder stößt man auf neue Rätsel und entdeckt bisher Verborgenes.

Im Herbst 2017 wurde die Orgel auf der Westempore abgebaut und zur Restauration nach Vorarlberg gebracht. Da entdeckte man an den Wänden dahinter Bilder aus den Jahren zwischen 1246 und 1251. Von deren Existenz wusste man, aber diese spätromanischen Dokumente über den Versuch der österreichischen Landesherren, ihren weltlichen Machtanspruch mit einem kirchlichen Zentrum abzusichern, waren im fünfzehnten Jahrhundert übertüncht und im neunzehnten Jahrhundert ziemlich unsachgemäß freigelegt worden. Jetzt sind sie für kurze Zeit gut sichtbar und frei zugänglich für eine sachgemäße Sicherung und wissenschaftliche Aufarbeitung. Wieder ist die Zusammenarbeit mit Kunsthistorikern und Restauratoren gefragt. Und wieder kostet das viel Geld. Wie auch die Erneuerung der Orgel selbst.

Zu diesem Instrument, dem größten seiner Art in ganz Österreich, hat die Bevölkerung eine besondere Beziehung. Die Pfeifen sind zwischen acht Millimeter und zwölf Meter lang. Entsprechend groß ist der Tonumfang, den man aber schon lange nicht mehr ausschöpfen konnte. Die Riesenorgel mit vier Manualen stammt aus dem Jahr 1956 und musste die frühere Walcker-Orgel aus dem Jahr 1886 ersetzen. Diese war beim Brand im Zweiten Weltkrieg zerstört worden. Die Pfeifen haben beim Hinunterstürzen noch Töne von sich gegeben, wie Zeugen des Bombenschadens erschüttert berichteten. Die neue Orgel, wiewohl nach dem Wiederaufbau groß gefeiert, entsprach aber nicht allen akustischen Anforderungen für den großen Dom. Mit neuen Raffinessen soll diese letzte Wunde von 1945 nun im Zuge der Renovierung geschlossen werden.

Unterstützt wird das durch viele Spender. Zwei Vereine kümmern sich darum, achtzig Prozent des jährlichen Budgets der Dombauhütte über Spenden aufzutreiben. Die Österreicher haben ein inniges Verhältnis zu ihrem Dom, ob sie nun gläubig hineingehen oder nicht. Er ist das Wahrzeichen der Stadt und Kristallisationspunkt der nationalen Identität. Aus allen Bundesländern fließt Geld, das war schon so beim Wiederaufbau nach dem Krieg und beim Wiedererrichten der Pummerin. Diese mit über drei Metern Durchmesser größte Glocke Österreichs war ein Geschenk des Landes Oberösterreich. Die alte Pummerin hing ursprünglich im hohen Südturm, wurde aber aus Sorge vor den Auswirkungen ihres Schwingens kaum geläutet. Beim Brand in den letzten Kriegstagen stürzte sie herunter, ihre Trümmer wurden für den Guss der neuen Zwanzig-Tonnen-Glocke verwendet, die seither im halbhohen Nordturm hängt. Der hat somit als Heimstatt für die »Stimme von St. Stephan, die Stimme der Heimat, die Stimme des Abendlandes«, wie sie der damalige Dompfarrer Dorr in einer Predigt nannte, eine neue Funktion. Ein eigener Lift führt hinauf, Tausende pilgern Jahr für Jahr zu ihr. Wenn diese tiefe Stimme erklingt, ist es immer ein besonderer Anlass. Die Pummerin ist keine Glocke des Alltags. Ihr Ton ist bedeutungsschwer, hat Nachdruck und Ernst. Wenn sie in der Silvesternacht das Neue Jahr einläutet, fällt über ganz Österreich eine Spur Ergriffenheit, die freilich schnell mit dem Donauwalzer weggetanzt wird.

Den unfertigen Turm wird es freuen, dass er mit ihr geadelt wurde und so doch noch zu seiner großen Bestimmung gefunden hat.

Wir spielen/Die Einzelkämpferin

Wo Kino mehr ist als nur Leidenschaft

»Wir spielen!«, sagt die alte Dame grußlos in eine Art Gegensprechanlage und legt auf. »Wir spielen«, das ist in aller Kürze eine Anweisung und eine Erfolgsmeldung. Die Anweisung gilt dem Vorführer einen Stock höher. Soeben hat sie zwei Karten verkauft, also wird der Film gestartet. Oft genug kommt es vor, dass keine einzige Karte verkauft wird, dann bleibt der Projektor kalt. Frau Nitsch-Fitz zieht einen dicken Kalender aus der abgewetzten Schublade und blättert in ihren Aufzeichnungen. »Gestern hatten wir um achtzehn Uhr dreißig einen Zuschauer, um zwanzig Uhr dreißig zwei. Am Dienstag einen und vier. Am Montag null und einen. Da, an dem Tag, sind beide Vorstellungen entfallen. Da gab es wieder fünf Zuschauer. Und da wieder keinen einzigen.« Ein paar Mal in der Woche kommt es vor, dass niemand kommt. Aber die alte Dame verdrießt das gar nicht. Das Kino ist ihr Leben.

Eine Frau kommt herein. »Eine Karte für den Film jetzt.« Drei Zuschauerinnen, das ist ja schon etwas. *Lina* steht heute auf dem Programm. Ein Film aus 2017 über die junge Ehefrau von Adolf Loos, die vor mehr als hundert Jahren ihren eigenen Weg gesucht hat und nicht mehr nur »Mädili«

und »Weibi« des später wegen Unzucht an Minderjährigen verurteilten Stararchitekten sein wollte. Bei der Vorführung heute wird der Saal nicht ganz abgedunkelt. »Strickfilm« steht dazu als Erklärung auf dem Programm. Die Besucherinnen haben das Strickzeug in ihren Taschen. »Eine Haube für die Nichte soll das werden«, erklärt eine, während Lina da vorne gerade ihren Heiratsantrag bekommt.

So entstehen ein paar Reihen für die Haube im ältesten Kino von Wien. Mehr noch. Die Breitenseer Lichtspiele sind angeblich sogar das älteste dauernd bespielte Kino der Welt. Davon sind es allein schon fünfzig Jahre, dass Frau Nitsch-Fitz das Kino führt. Gerade einunddreißig war sie, als sie es gekauft hat (den Doppelnamen führt die Familie schon »seit dem Ur-ur-Urgroßvater«). Kinos waren damals billig. Opfer der kulturellen Umbrüche. Sie ist eigentlich Frau Magister. Mathematik und Physik hat sie studiert und auch unterrichtet, zuerst in der Klosterschule in der Döblinger Hofzeile, später dann auf der Schmelz. Die Schule war ihr Beruf, das Kino ihre Berufung. Ihr ganzes Leben hat sie im Grunde im Kino verbracht.

Ihre Großmutter stammte aus dem damals zu Österreich gehörenden Görz, dem heutigen Gorizia im Isonzotal. Am Isonzo hatte sich das Schicksal der österreich-ungarischen Habsburger-Monarchie entschieden. Dort gab es gegen die Italiener die brutalsten Kämpfe im Ersten Weltkrieg, die Österreich nicht zu gewinnen vermochte. Von dort wollte die Großmutter 1918 weg, sie wollte Österreicherin sein. In Wien lebte sie bei ihrer Schwester und kaufte zunächst ein kleines Stummfilmkino im neunzehnten Bezirk, in den dreißiger Jahren baute sie sich in der Heilgenstädter Straße ein neues, größeres Kino. Nach italienischem Vorbild sollte man da die Filme draußen im Garten sehen können oder drinnen im Saal. Die Projektoren waren auf einer drehbaren Scheibe und hätten in beide Richtungen spielen können, nach innen und nach außen. Aber für den Garten gab es keine Genehmigung, schließlich war bald darauf schon wieder Krieg. Dennoch war das Kino eine Erfolgsgeschichte.

1938 kam Anna Nitsch-Fitz zur Welt. Ihre Sandkiste stand in diesem Garten hinter dem Kino. Bald sah sie hier ihre ersten Filme, dann durfte sie Karten abreißen und etwas später selbst Karten verkaufen, »statt der Frau Spurei«, an die sie sich noch erinnert. Als Anna dann schon auf der Uni war, half sie ihrer Großmutter, das Programm zu erstellen. Nach deren Tod erbte der Vater, ein Arzt, das Kino – und Anna führte es für ihn, nebenbei. Bis er es 1969 einstellte, weil das Fernsehen eine zu starke Konkurrenz geworden war. Aber Anna, die junge Mathematikerin, sah im Kino mehr als nur Zahlen – und kaufte sich ihr eigenes: von Anna Wolfschütz in der Breitenseer Straße im vierzehnten Bezirk. Dass deren Mann, Heinrich Grün, an exakt dem Tag verstorben war, an dem Anna zur Welt kam, sieht sie heute noch als Wink des Himmels. Dieses Kino war damals schon sechzig Jahre alt. Gegründet wurde es 1905 als Zeltkino, seit 1909 ist es in diesem Haus untergebracht und wurde ohne Unterbrechung bespielt.

Es wirkt wie aus der Zeit gefallen. Ein schmaler Saal, je fünf hölzerne Klappstühle links und rechts des Ganges. Immer wieder wurde erneuert und modernisiert, aber nicht zu viel. Das Büro von Frau Anna ist übervoll mit Programmzeitschriften. Sie allein kann gerade noch drinnen sitzen. Im Vorraum hängen ein paar alte Filmplakate. *Die Sünderin* mit Hildegard Knef. Übriggebliebene Klappbänke stehen herum. Ab 1924 hatten bis zu zweihundertelf Personen im Saal Platz, 1984 wurde auf hundertachtundsechzig Plätze reduziert.

Wann die zuletzt ausverkauft waren? »Das ist schon sehr lang her, wahrscheinlich fünfzehn Jahre«, sagt die gehbehinderte Frau und schiebt sich hinter das kleine Verkaufspult. Die Kassenkabine gegenüber wird gar nicht mehr benützt, über das offene Pult wandern Eintrittskarten ebenso wie Schokobananen oder Limonade. Frucade gibt es hier noch, wie in alten Zeiten. Frau Nitsch-Fitz ist alles in einer Person. Besitzerin, Programmplanerin, Kartenverkäuferin, Putzfrau und Buffetdame.

Einzelkämpferin zu sein hat auch Vorteile. Sie muss sich mit niemandem abstimmen, was sie spielen will. »Ich kenne auch nicht alle Filme«, gesteht sie, aber auf der Internetplattform film.at sind alle drauf. »Das lese ich mir durch und schau mir die Trailer an«. Was ist das Kriterium? »Dass es mir gefällt«, sagt sie entwaffnend. Sie mag Dokumentarfilme, die laufen in anderen Kinos oft nur sehr kurz. Sie spielt Arthaus-Filme, »aber kein Tschin-bum«, die Hollywood-Blockbuster sollen sich die Leute woanders anschauen. »Französische Filme hab ich sehr gern und italienische.« Um zwanzig Uhr dreißig werden nur Originalfassungen gespielt, egal ob englisch, französisch, italienisch oder spanisch, mit Untertitel, und um achtzehn Uhr dreißig Filme in Deutsch. Von Freitag bis Montag gibt es meist auch ein Kinderprogramm am Nachmittag, mit Winnetou, Laurel & Hardy oder der Biene Maja. Verträge mit Filmverleihen, wie die großen Kinos, hat sie nicht. »Die verlangen eine Mindestgarantie von ein paar Hundert Euro, die ich aber nie einspiele.« Daher erfragt sie von den günstigeren Verleihfirmen nur die Vorführrechte und kauft sich die aktuellen Filme als DVD oder Blue Ray selbst, das ist billiger. So hat sie mittlerweile eine beträchtliche Sammlung. Die Einnahmen muss sie zwar trotzdem teilen, aber nur nach tatsächlich verkauften Karten. Abgespielt wird dann vom DVD-Player. Im Regelfall spielt sie einen Film zehnmal, aufgeteilt auf jeweils zwei siebenwöchige Planungsperioden. Immer stark durchgemischt. Dazwischen gelegentlich ein Sonderprogramm, da kommen mehr Leute. Und an einem Wochenende im Monat gibt es Stummfilm. Mit Klavierbegleitung, so wie damals. Am Piano sitzt Gerhard Gruber. »Der ist der Beste seines Faches«, schwärmt Frau Anna. Der Oberösterreicher wurde schon bis nach China für Stummfilmvorstellungen geholt. Bei ihr verlangt er weniger Gage als sonst, und die Filme bringt er gleich selbst mit.

Nur selten bekommt sie einen Film digital auf ihren Server gespielt. Aber immerhin, sie hat einen. »Einen Ropa-Server II«, erklärt sie fachkundig, auf dem aber nur Platz ist für fünf Filme. Auch Fünfunddreißig-Millimeter-Projektoren stehen noch in dem engen, niedrigen Vorführraum. Der war selbst schon manchmal Kulisse für eine Filmproduktion. Die Ungetüme glänzen metallisch grau lackiert, mit großen Rollen oben drauf, Zeugen aus der guten alten Filmzeit. Ihr Filmvorführer kann sie noch bedienen, aber wenn der nicht da ist, gibt es eben nur DVDs. Von einem Verleiher etwas außerhalb von Wien bekommt sie nur Fünfunddreißig-Millimeter-Filme. Da muss sie das Programm langfristig planen. Sie kennt alle Tricks. Damit sie für den Vorführer keine Sozialversicherung bezahlen muss, hat sie einen Kulturverein gegründet. Der darf ihr den Vorführer offiziell gratis zur Verfügung stellen.

Bei den Breitenseer Lichtspielen ist auch immer wieder etwas zu investieren. 2002 wurde außen der alte Neonschriftzug »Lichtspiele« reaktiviert. Kürzlich musste das »s« in der Mitte erneuert werden, und das leuchtet jetzt viel heller als die mittlerweile auch schon wieder in die Jahre gekommenen anderen Buchstaben. Das ärgert die alte Eigentümerin. Sehr teuer waren zuletzt die neuen Stromleitungen, beklagt sie sich, aber sonst hätte sie zusperren müssen. Und das kommt für sie nicht infrage. Auch wenn sie von ihrer Pension etwas ins Kino zuschießen muss. Sie ist jeden Tag da, absolut jeden. Nur im Sommer hat sie zwei Monate geschlossen. Nachkommen hat sie keine. »Ich habe nie geheiratet, ich bin mit dem Kino verheiratet«, lacht sie. Mittlerweile helfen ihr die Kinder ihres Bruders. Die sind alle Mitte dreißig, verheiratet, haben selbst Kinder und einen Beruf. Aber sie mögen das alte Kino. Michi kümmert sich um die Technik, wartet die Beamer und betreut die Homepage. Tini, die Jüngste, bringt so manche Programmidee ein. Die würden das Kino auch einmal weiter betreiben, wenn es nur irgendwie überlebt.

Wir spielen/Die beiden Einzelkämpfer

Zwei Schauspieler kaufen sich ein Theater und machen sich selbständig

Was für eine alte Dame das Kino, das ist für ein Schauspielerpaar die Bühne. Für Marie und Jörg ist das Theater ihr Leben. Nicht irgendeine der großen Bühnen. Die kennen sie – und haben sie hinter sich gelassen. Sie spielen in ihrem eigenen Theater, auf ihrer eigenen Bühne, und sie spielen ihre eigenen Stücke. Die Klettenheimers, so nennen sie sich, begrüßen ihre Gäste höchstpersönlich. Sie stehen hinter der Bar, schmieren Brote mit Liptauer und Eiaufstrich. »Zwei G'spritzte, bittesehr, ein Bier und ein Cola. Oh, schön, dass ihr auch da seid, grüß euch!«, heißt es zwischendurch. Dann schnell ins Kostüm und ab auf die Bühne. Viele der Besucher kennen sie beim Namen, dabei ist die Schar der Stammgäste beileibe nicht mehr klein. Wenn sie spielen, sind ihre Vorstellungen in den letzten Jahren meist ausverkauft. Wenn sie spielen. Denn dazwischen machen sie wieder lange Pausen, zum Kraftholen und zum Schreiben der neuen Stücke. Anspruchsvolle Weltliteratur, mit Witz modernisiert.

Sie leben von Mundpropaganda. Ein kleines Theater, das charmanter nicht sein könnte. So mancher Zuschauer findet sich plötzlich als Teil der

Vorstellung wieder. Jörg, der Klettenheimer, hat vorher an der Bar etwas aufgeschnappt, aus einer Unterhaltung der Gäste merkt er sich deren Beruf, oder er spricht den an, der »so viel Durst hatte, dass er sich gleich zwei G'spritzte auf einmal bestellt hat!«. Und schon ist er wieder der Petruchio, der sich um seine unbezähmbar widerspenstige Katharina bemüht. Oder der Mackie, der mit und ohne Messer gegen die Abschaffung der Glühbirne anrennt und mit Polly auf die Barrikaden steigt. Schließlich geht es im KleinKunstCafé um alles. Es geht um die Welt.

Und die ist bekanntlich weit. Für die Abenteuer des Perikles musste sich der gute, alte Shakespeare »wie auf der Pawlatschen« verbiegen lassen, für Wahnsinn, Mord, Kinderprostitution und Schiffsuntergänge. Ein anderes Mal wurde sich Ödipus seiner tragischen Verstrickung bewusst, blendete sich kurzerhand selbst und wurde im Exil ein moderner Mensch. Dann wiederum rang sich der Klettenheimer zu einer fulminanten Erkenntnis durch: »Es war immer schon klar, dass Straßenmusik nur in geschlossenen Räumen wirklich Sinn macht!« Daraus wurde ein straßenmusikalischer Indoor-Galaabend mit dem Titel *Wien–Berlin und retour*.

Das hatte absolut autobiografischen Hintergrund. Die Idee vom eigenen Theater für anspruchsvolle Blödelei musste erst langsam heranreifen. Mit Zwischenstation in Berlin. Lange waren die beiden Suchende (im Grunde sind sie es immer noch, aber das ist das Lebenselixier der Kunst). Marie, die Tochter eines Botschafters, ist zwar in

Oslo geboren, aber eine waschechte Wienerin, Jörg stammt aus Karlsruhe. Beide wollten sie zum Theater. Sie in Wien, er in Karlsruhe. Da ist Wien allemal besser. Hier trafen sich ihre Wege, durch Zufall, oder doch nicht ganz. »Wir sind ja verkuppelt worden«, empört sich Marie Mandelbaum noch heute. Mit achtzehn, neunzehn Jahren betreute sie Kinder einer Jungschargruppe in Wien. Einer der Buben hatte einen Großcousin in Karlsruhe, besagten Jörg Klettenheimer. Sie träumte vom Theater in Wien, er in Karlsruhe. Bis jemand aus ihrer Umgebung auf die Idee kam, die beiden sollten doch zusammen träumen. So lernten sie einander kennen, redeten übers Theater, mochten einander aber nicht besonders. Noch nicht.

Sie ging ans Reinhardt-Seminar. Er versuchte sein Glück in München und Stuttgart, vergeblich, und kam wieder nach Wien, um Architektur zu studieren, machte aber doch die Schauspielausbildung. Claus Peymann war schon am Burgtheater, Jörg sprach einfach vor und wurde genommen. Fast vier Jahre war er Ensemblemitglied an der Burg. Auch Marie spielte am Burgtheater, 1987 an der Seite von Alexander Goebel und Regina Fritsch in *Elvis und John*. Statt weiter am Burgtheater zu bleiben, machte sie lieber das Reinhardt-Seminar fertig, spielte an der Josefstadt und anderen Theatern. Und suchte weiter. Bruno Max holte sie immer wieder in sein Team. Aber im Regietheater fühlte sie sich nicht wirklich wohl. »Dauernd muss man etwas machen, was wer anderer anschafft.« Aus der Fremdbestimmtheit auszubrechen wagte sie noch nicht, studierte Anglistik und Germanistik, wollte aufhören und doch nicht. Kein Theater hat sie wirklich angezogen, die beiden, die inzwischen längst ein Paar waren. Also beschlossen sie: »Wien, das war's jetzt, wir wandern aus.« Sie verkauften alles (bis auf die Waschmaschine, die haben sie heute noch), und mit nur zwei Rucksäcken zogen sie nach Berlin.

Sie hielten sich mit Jobs über Wasser, in einem Lokal in einer Seitengasse des Kurfürstendamms stand Marie hinter dem Tresen, in Wittenberg machten sie Straßenmusik. »Wir verdienten Geld, aber es hat uns total genervt, dass die Leute nicht länger stehen bleiben und zuhören«, erinnern sie sich. Jahre später dann, im eigenen Café, konnten sie das ändern: »Der Straßenmusiker sollte um jeden Preis verhindern, dass seine Kundschaft die Möglichkeit hat, allzu leicht das Weite zu suchen. Dagegen helfen Türen und ein gemeinsames Dach überm Kopf!«, kann man den bestechenden Gedankengang noch heute auf der Homepage nachverfolgen.

Aber dahin war es noch ein langer Weg. Nämlich der von Berlin zurück nach Wien. Im Gepäck war die Idee: Wir kaufen uns ein Theater und machen uns selbständig. Die Wiener Kulturszene muss doch neben Burgtheater und Staatsoper noch Platz haben für zwei Einzelkämpfer. Sie hat. Marie macht einen Kurs im WIFI und bekommt die Kaffeehauskonzession. Aus einem kleinen Büchlein lernt sie, wie man Unternehmer wird, wie viel Eigenkapital man braucht und wie man einen Kredit bekommt. »Alle haben uns abgeraten«, erzählt sie, dennoch strickt der Mann an ihrer Seite einen Businessplan. Durch Zufall finden sie ein kleines Lokal im achten Bezirk, in dem eine Minibühne Platz hat. Früher war das ein Nachtlokal. Das winzige Separee wird zur Garderobe. Ein bisschen Startkapital kommt von einer Erbschaft, dann geht Marie auf die Bank. »Ich hatte blanke Angst vor dem Auftritt dort«, erzählt sie, »ich hab nicht einmal gewusst, was ich anziehen soll, ich war ja keine Businesswoman.« Sie bekommt den Kredit. Seither ist sie »die Chefin« und er ist »der Mitarbeiter«. Offiziell jedenfalls.

Sonst macht das Künstlerpaar alles gemeinsam. Schreiben, inszenieren, Karten verkaufen, vor der Vorstellung und in der Pause Brötchen servieren. *Schmäh* führen. Und spielen. Er baut die Bühnenbilder, sie kümmert sich um die Kostüme. »Für die Masken gehen wir dann gemeinsam einkaufen, das ist immer sehr lustig.«

Mit wirklicher Leidenschaft lässt sich vieles stemmen. Das erste Programm war eine One-Woman-Show mit Songs von William Blake. Da stand er am Lichtpult. Beim zweiten Programm spielte der Klettenheimer den Hamlet in allen Variationen, und sie bediente die Regler. Längst spielen immer beide zugleich. Mittlerweile merkt niemand mehr, wie Lichtwechsel erfolgen und woher Toneinspielungen kommen. Jörg baut überall Fernbedienungen ein, kleine, versteckte Schalter. Aus der Hosentasche wird das Blackout gemacht, hinter dem Häferl die Zuspielung abgerufen. Anfangs war es nur ein Café, in dem Lesungen erlaubt waren. Eines Abends platzte die Polizei mitten in die Vorstellung. »Es waren eh nur acht Leute da im Publikum«, erinnert sich Marie. Die strenge Behörde erkannte, dass das keine Lesung war, sondern eine szenische Darstellung. Also musste die Bewilligung für ein Theater her. Die beiden schafften auch das. Mittlerweile sind sie eine kleine Institution in Wien, ohne jede Promotion, nur durch Mundpropaganda.

Rund siebzigmal spielen sie ein Programm. Das KleinKunstCafé fasst gerade ein paar Dutzend Plätze, mehr wären schon sehr gut, mit Raum vielleicht für zwei, drei Musiker, einem Studenten hinter der Bar und mehr Spuckdistanz zur ersten Reihe. Aber das kleine eigene Theater ist schuldenfrei und lebt ohne Personalkosten. Und ohne Subventionen.

Das allein ist eine Sensation für die Theaterstadt Wien. Die großen Häuser brauchen immer öffentliche Zuschüsse, kleine, freie Bühnen, die ihr Glück immer wieder versuchen, noch mehr. Das Rezept der Klettenheimers dagegen ist Unabhängigkeit durch schräge Kreativität.

Da kommt es vor, dass Macbeth mit seinem Personal auf Betriebsausflug fährt – eine logistische Meisterleistung von ungezählten Rollen, in die die zwei da schlüpfen. Später bekam Jeanne d'Arc Visionen und er, der Klettenheimer, musste auf die Couch. Die Heilige Johanna in der Ledergasse war »nichts für Warmduscher, nichts für Weicheier, aber weitgehend jugendfrei«. Jörg mag Shakespeare und verdreht ihn gerne, Marie dreht an der Musik, textet und komponiert. »Das Schreiben ist das Mühsamste«, klagt sie, das dauert mittlerweile eineinhalb bis zwei Jahre, bis eine aufwendige

Produktion steht. Dann das Textlernen, das Proben, das Bühnenbild, die Technik. »Aber so was wie uns gibt's sonst nirgends«, wissen die beiden selbst. Und genießen es, »dass die Leute nur wegen uns kommen. Nicht wegen eines Regisseurs oder weil man halt ins Theater geht. Die kommen wirklich nur zu uns!«, fasst Marie es noch immer kaum. Inzwischen sind sie fest in Wien verankert. Jörg, der Sprachkünstler, hat auch das Wienerische Idiom längst gut drauf. Und Marie könnte bestenfalls noch »eine schöne Rolle in der Volksoper« zu einem Ausflug aus dem eigenen Theater motivieren.

Künstler und Unternehmer? Wie geht das zusammen? »Mein Großvater war Unternehmer, der war Spediteur und Braumeister. Irgendwie steckt davon auch was in mir«, sinniert Marie. »Aber ich wollte nie Gastronom werden«, wirft Jörg ein. »Das ist sein Lieblingssatz«, erklärt Marie. Da sind die beiden einfach – ein Ehepaar.

Mezzo Porno

Über Seitensprünge im Opernbetrieb und Pornografie als politische Botschaft

Fast könnte man meinen, die Hand zittert ein wenig, als sie beginnt, eine Schulter zu ertasten. Die Finger nesteln nicht ungeschickt herum und wirken doch etwas verwundert, dass da kein Band ist mit kleinen Haken, die man sonst erst lösen muss, um das Verborgene zu befreien. Aber das bedarf keiner Befreiung mehr. Finger verschränken sich ineinander, gleiten über glatte Haut, versuchen beim Gegenüber stumm zu erfragen, ob da Vertrauen entstehen kann für mehr, für viel mehr. Als die Finger eindringen in das, was sie begehren, spüren sie, dass dieses Begehren erwidert wird. Er kennt diese Frau nicht, er sieht sie nicht einmal.

Auch sie ist angewiesen auf das Hören, Tasten und Schmecken. Auch ihre Finger wandern unruhig umher, ermuntern die seinen, ertasten den Stand der Erregung, die sie beflügeln und zum Ende treiben. Die schwarzen Augenbinden verhindern, dass das stört, was normalerweise viel gedämpfter wäre. Aber das vergleichbar viele Licht hat einen Grund. Was die beiden nur spüren dürfen, wollen die Videokameras rundum ganz genau sehen. Der dunkelgraue alte Holzboden knarrt unter den Schritten derer, die sie bedienen, auch wenn die sich noch so bemühen, diskret zu bleiben. Auch sie stören offenbar nicht.

Erst lange nach dem Schrei der Befreiung werden die Augen von der Dunkelheit erlöst. Da wirken die ersten Blicke plötzlich verlegen, als wäre man ertappt worden. Distanz kommt auf, jetzt stört, was vorher unsichtbar war. Aber es ist ohnedies vorbei, das Experiment, auf das die beiden sich eingelassen haben.

Dass Nina, eigentlich Sabrina, eine Krankenschwester, ihren Partner auf der Matratze als Mensch damit schon kennen würde, hatte sie ohnehin nicht erwartet. Christoph, der polyamore Tai-Chi-Lehrer, hatte dagegen in dem langen Interview davor gemeint, er hoffe, dass Millionen Leute seinen exhibitionistischen Akt bewundern würden.

Darauf wird er noch warten müssen, wenngleich die Frau, die das alles eingefädelt hat, in Wien schon einigen Bekanntheitsgrad erreicht hat. Weniger freilich mit den Pornos, die sie hier produziert, vielmehr durch ihren Werdegang. Stand sie doch fünfzehn Jahre lang als Mezzosopranistin auf diversen Bühnen der Stadt. Sie gab in der Wiener Volksoper die Giulietta in *Hoffmanns Erzählungen*, die Flora in *La traviata* oder die Hermia in Brittens *A Midsummer Night's Dream*. Von Mozart sang sie den Annio in *La clemenza di Tito*, die Donna Elvira im *Don Giovanni* oder den Cherubino in *Le nozze di Figaro*. Die zweite Dame in der *Zauberflöte* sei keine große Herausforderung gewesen, aber diese Rolle habe sie besonders geliebt, schwärmt sie noch Jahre danach.

Adrineh Simonian war eine fixe Größe im Wiener Opern- und Konzertbetrieb, mit einem gewaltigen Repertoire, vom Barock bis zur zeitgenössischen Musik. Nicht der große Star, aber überall dabei. Sie hat Belcanto gesungen und Operette. Sie war die Valencienne in der *Lustigen Witwe* und die Manja in der *Gräfin Mariza*. An der Wiener Kammeroper sang sie in der *Fledermaus* und am Stadttheater Baden die Aldonza im *Mann von La Mancha*. Sie sang in Kopenhagen und in Tokio und im Backgroundquartett mit Dave Brubeck in Salzburg. Mit Liederabenden war sie im Wiener Konzerthaus und im Musikverein auf der Bühne, mit dem Staatsopernchor war sie als Solistin in Taiwan und in Korea.

Mit all dem war mit einem Mal Schluss.

Eine Debatte in der Opernkantine war der Impuls. Irgendwie kam man auf Pornos. Die Männer fanden sie super, die Frauen waren entsetzt. »Saudumm« war das Gerede, sagt sie heute, voller Klischees. Da habe sie begonnen, über das Wesen der Pornografie nachzudenken, über die Hintergründe der Zurschaustellung von Sex. Ab da wollte sie Sexualität anders darstellen als in der Mainstreampornografie – »aus feministischer Perspektive, mit den Augen einer Frau, in der Gefühlswelt einer Frau«. Weltverbesserung mit nackter Haut. Die ganz große Karriere in der Opernwelt wollte sie ohnedies nicht mehr machen. Vielleicht war sie sowieso unerreichbar. Ab vierzig, so sagt sie jetzt, wird man als lyrischer Mezzo schön langsam abgeschoben. »Dann kommen die komischen Rollen, die alten Weiber. Ich hätte das schon auch gemacht.« Aber der Kopf war schon woanders.

Sie entwickelte Konzepte und begann, sich mit Filmtechnik zu beschäftigen. »Ich hatte ja keine Ahnung von Tuten und Blasen«, sagt sie ohne jede Zweideutigkeit, »ich wusste nicht einmal, wie man eine Spiegelreflexkamera einschaltet.« Sie hat sich alles selbst beigebracht, Probeaufnahmen gemacht und ihre Firma gegründet. Mit der Titelrolle in Vivaldis *Juditha triumphans* sang sie im Juni 2014 in der Kleinstadt Retz ihren letzten Opernton – und wurde Pornoproduzentin. Ausgerechnet im braven, biederen Wien.

Radikale Sprünge kannte sie aus ihrer Familie. Der Vater war ein schwerreicher Multimillionär im Iran. Dort wurde sie auch geboren. Die armenische Familie hatte dort keine Sorgen. Nur die Schulen waren in Europa doch besser. Also übersiedelte die Familie mit drei Kindern auf den Rat eines Freundes 1977 nach Wien. Der Vater pendelte, saß viel im Flugzeug. Die Firma war ja im Iran. Ein Bankberater erkannte das politische Brodeln in Teheran und riet dem Vater, sein Geld in die Schweiz zu transferieren. Der aber vertraute auf die Beständigkeit des Pfauenthrons. Wer sollte den Schah schon verjagen? Er wurde verjagt. Mit der Islamischen Revolution Anfang 1979 waren der majestätische Reza Pahlavi und seine luxusverwöhnte Farah Diba schlagartig Geschichte. Der Reichtum von Adrinehs Vater auch. Alles weg. Mit etwas Bargeld rettete er sich zu seiner Familie nach Wien. Er wollte neu beginnen, aber sein Obst- und Gemüsestand am Hannovermarkt im zwanzigsten Bezirk machte nur Verluste. Da kaufte er im zweiten Bezirk ein kleines Schustergeschäft und wurde Schuster. Er brachte sich das alles selbst bei, gelernt hatte er das Handwerk ja nie. Wie das mit der Wiener Gewerbeordnung funktionierte, darüber schweigt die Chronik. Goldgrube war die Schusterei jedenfalls keine, also wurde er Bäcker. Auch das hatte er nicht gelernt, aber er war der Erste in Wien, der das Lavash-Brot herstellte. Die noch unbekannten dünnen Fladen wurden am Naschmarkt beliebt, die persischen Restaurants waren bald treue Kunden. Doch dann wurde der Mann krank. Heute bezieht er etwas über hundert Euro an Rente. Aber Adrineh hat gesehen, dass man etwas beginnen kann, von dem man keine Ahnung hat.

Initiativ war sie schon früher. Etwa als sie mit sechzehn an der Wiener Musikhochschule einen Lehrer überrumpelte, sie in Klavier zu unterrichten. Obwohl sie nie zuvor Klavier gelernt hatte. Sie hatte ihren älteren Geschwistern zugeschaut und sich selbst zu Liszt und Chopin vorgewagt. Als Kind hat sie Geige gelernt, viel später dann studierte sie Gesangspädagogik, dann erst wandte sie sich dem Opernfach zu.

Derartige Sprünge prägen offenbar und machen mutig. Als Kind war sie Außenseiterin in der damals noch sehr grauen Stadt Wien, die einzige Ausländerin im Gymnasium, gehänselt und verspottet. Heute ist sie überzeugte Wienerin. Sie liebt die Stadt, sie möchte nirgendwoanders leben. Ob Wien denn ein guter Boden für die Pornoproduktion sei? »Nein, überhaupt nicht«, lacht sie, aber eben deshalb will sie hier bleiben. Sicher wäre es leichter in Berlin oder in Madrid, diese Städte seien offener. Das größte Zentrum der Pornoindustrie ist Los Angeles, aber dort würden die Frauen nur ausgebeutet, mit falschen Verträgen in ein Business gelockt, aus dem sie nicht mehr aussteigen könnten und müssten Dinge tun, die sie nie wollten. Die meisten Konsumenten kommen übrigens aus dem durch die Ein-Kind-Politik männerdominierten China.

Ihr Zugang sei ein ganz anderer. »Mir geht es um die Psychologie der Sexualität, nicht um das Aufgeilen.« Und um eine möglichst ästhetische Darstellung. Ihre Protagonisten müssten erst Vertrauen zu ihr aufbauen, bevor sie ihre Intimität öffnen. Lange dauere das, viele Gespräche und Mails, monatelang bisweilen. Vor dem Dreh wird kein Vertrag unterschrieben, und bevor das Video auf der Website zum Verkauf angeboten wird, sehen es die Darsteller, um es freizugeben. Dann gibt es Geld, einen einmaligen Betrag. Die Downloadgebühr der Kunden gehört ihr.

Leben kann sie von den wenigen Videos auf der Website noch lange nicht, sagt Adrineh Simonian. Kein Wunder, stöhnt doch selbst die etablierte »Adult Entertainment«-Industrie weltweit über kollabierende Gewinne. Denn täglich werden Tausende neue Orgasmen in das Internet gekippt, gratis abrufbar.

Aber um Markterfolg gehe es der Wienerin nicht, sagt sie in reinem Schönbrunnerdeutsch. Sie wolle etwas verändern, den Blick der Gesellschaft auf Sexualität enttabuisieren (so es da überhaupt noch ein Tabu gibt), der Darstellung von Sexualität einen feministischen Zug verleihen. Sie muss auch nicht davon leben. Schließlich ist ihr Mann ein vielgebuchter Opernstar. Wolfgang Koch, als Amfortas oder Klingsor mit Richard Wagner besonders eng vertraut, ist an allen großen Opernhäusern und Festivals der Welt zu sehen. Der in Bayern geborene Heldenbariton war auch an der Wiener Volksoper, inzwischen ist er als freischaffender Künstler in London genauso zu sehen wie in Tokio, Paris oder an der Wiener Staatsoper. Als Adrineh ihre Pornoproduktion begann, durfte sie sich an seinem Konto bedienen. Er startete gerade als Wotan bei den Bayreuther Festspielen, sie bot an, ihren Namen zu ändern, aber er lehnte ab. Er unterstütze sie, sagt sie, auch wenn das Wort Pornografie für die Leute nicht zur Oper passt.

»Oper verbindet man mit Bildung, hoher Kunst und Kultur, Pornografie dagegen mit Prostitution, Drogen und Menschenhandel. Die Leute denken, wie kann jemand, der da oben ist, so tief sinken?« Für Adrineh Simonian ist beides falsch, aber sie weiß, dass man sie sehr zwiespältig sieht. Die Heuchelei im ach so hehren Opernbetrieb sei ihr schon sehr auf die Nerven gegangen. Vor allem auf Tournee würde kreuz und quer fremdgegangen. »Da kann man am Hotelgang zuschauen, wer grad wo hineingeht. Und wenn die Frauen das bestreiten, mit wem gehen dann die Männer alle ins Bett?«

Mit ihrer früheren Kollegenschaft aus der glamourösen Welt der Bühnen hat sie fast keinen Kontakt mehr. Sie geht in kein Konzert mehr, kein Theater. In die Oper nur, wenn ihr Wolfgang singt.

Dabei hat die Oper viel mit ihrem neuen Genre zu tun. Es gibt keine Oper, in der es nicht um Liebe geht, letztlich um Sex. *Don Giovanni, Così fan tutte, La traviata, Rosenkavalier.* Aber ihr Business jetzt sei ehrlicher, meint sie.

In der Oper müssen alle ihre großen Gesten machen. Die Sopranistin muss beim Pianissimo schmachten, der Tenor muss strahlend die Hände emporstrecken. Das habe doch nichts mit echten Menschen zu tun. Anna Netrebko sei großartig, wirklich, aber länger als eine Viertelstunde könne sie ihr nicht zuschauen. »Denn die ist immer nur schön. Aber eine Traviata ist nicht nur schön, jede Rolle hat auch Abgründe, aber den Mut, auch die zu zeigen, haben nur wenige.« Deshalb wolle sie mit ihrer Pornografie die echten Menschen zeigen.

Und muss zugeben, dass sie damit gescheitert ist. Sie wollte als Protagonisten nicht perfekte Körper, sondern Frauen zwischen vierzig und fünfzig, die drei Kinder auf die Welt gebracht haben. Aber die hat sie bisher nicht bekommen. Frauen dieser Generation seien sehr kompliziert. »Dafür habe ich Menschen zwischen fünfundzwanzig und fünfunddreißig gefunden, die auch nie gedacht hätten, dass sie einmal vor die Kamera kommen«, erzählt sie.

Fast immer aber ziehen die sich nur in völliger Anonymität vor der Kamera aus. In ihrer Blackbox gibt es keine Requisiten, alles ist schwarz, die Person wird sich selbst überlassen, meist nur allein und gesichtslos, nichts wird inszeniert. Manchmal filmt sie auch professionelle Darsteller. Da versucht sie, Kunst zu machen, die verstört und erschreckt.

Nur ein einziges Mal bisher ist ihr das Experiment Blind Date gelungen. Zwei Menschen, die einander nicht kennen, treffen mit verbundenen Augen aufeinander. Dann darf alles passieren. Zuvor hat man sie in langen Interviews kennengelernt und erfahren, dass er auch mit drei oder vier Frauen gleichzeitig schlafen möchte oder dass sie für Sex keine Beziehung braucht. Auch eine Form von Weltverbesserung.

Das zu filmen, hat Adrineh Simonian sich als Autodidaktin beigebracht. Kameratechnik, Licht, Schnitt, Vertonung. »Ich habe das auf der YouTube-Universität gelernt«, gesteht sie lachend. Man merkt es den Videos auch an. Schnitt- und Vertonungsfehler, wie jeder Amateur sie macht, auch wenn die Kameras noch so teuer waren. Ihre Firma heißt Arthouse. Nicht, weil das dezenter klingt als irgendwelche Pornonamen, sondern weil sie (fast) alles allein macht und der Arthausstil das Qualitätsprädikat liefern soll.

Unterm Strich bleibt es Porno, den sich überwiegend Männer anschauen. Die haben offenbar mehr Lust an der Lust der Frauen als die Frauen. Und die stört es nicht, dass nicht alles perfekt gedreht ist, dass es mit der Kunst manchmal hapert. Mezzo-Porno eben.

Die Frauen, die sie erreichen wollte, erreicht sie kaum, weder als Akteurinnen noch als Zuschauerinnen. Trotzdem ist es für Adrineh die Erfüllung, sie gibt sich überzeugt, dass man auch in einem schlüpfrigen Umfeld authentisch sein könne. Ihr Ziel sei die Ehrlichkeit im Umgang mit Menschen.

Porno ohne Ausbeutung. Allem voran gehe es ihr um die Ethik. »Moral interessiert mich nicht, Moral ist von der Gesellschaft gemacht, ist eine künstliche Norm.« Dass auch ihr Begriff von Ethik, nämlich wie man mit der Würde des Menschen umgeht, ebenfalls von Kulturkreis und Tradition geprägt ist, ist ein Widerspruch, um den sich die Pornoproduzentin nicht weiter kümmert. Was ist gut und was ist böse? Die Grundfrage der Ethik hat auch keine absolute Antwort. Aber Pornografie ist nicht Philosophie. Zu anderen Zeiten oder in anderen Ländern wäre selbst ihr ethischer Zugang zu Nacktheit und Sex als höchst verwerflich eingestuft. Im Wien von heute lässt man sie gewähren, es stört niemanden, tut keinem weh. Aber sie gibt sich unbeirrt in ihrem Anspruch, sie könne »mit feministischer Pornografie die Geschlechterrollen und die Gefühle der Frauen neu beleuchten«.

Eine Rückkehr auf die Opernbühne schließt die Mezzosopranistin kategorisch aus. Sie ist von ihrer Mission der Pornografie überzeugt, gerade in einer zurückhaltenden, konservativen Stadt wie Wien. »Ich bleibe auch sicher in Wien«, außer Österreich würde ihr mit einem neuen Pornografiegesetz das Leben schwer machen. Dann würde sie ins liberalere Holland ausweichen. »Es geht um eine wichtige Sache, es muss gemacht werden«, sagt sie über ihre Berufung, so, als würde ein Politiker die nächste Sozialreform verteidigen. Pornografie als politische Botschaft.

Weltverbesserung ist ja wirklich wichtig.

Zwischen Künstlern und Skeletten

Von prominent besetzten Kaffeekränzchen über den Gängen voll mit Mumien

Das ist der morbideste Ort Wiens, hat einmal jemand befunden. Das heißt etwas, bei dem bekannt engen Verhältnis der Wiener zum Morbiden, zu den Toten, zu allem, was mit dem Tod zusammenhängt. Nur dreizehn steile Stufen geht man hinunter, tief geduckt, und ist in einer anderen Welt. Der der Toten von vielen Jahrhunderten.

Lange Reihen von Holzsärgen, viele bunt bemalt, mit barocken Ornamenten, manche offen, die Leichen darin sind mumifiziert. Breite Gewölbegänge, aber gerade einmal so hoch, dass man aufrecht gehen kann. In größeren Kammern stehen Gruppen von Metallsärgen, aus Kupfer oder Zinn-Blei-Legierungen, manche reich verziert, manche aufgebrochen. In Nischen sind Berge von Knochen aufgeschlichtet, Oberschenkel, dazwischen Hüften, Arme. Da ragen Finger heraus, dazwischen Schädel. Große Löcher, wo einmal Augen das Sonnenlicht gesehen haben, starren dunkel dem Besucher entgegen.

Die Gruft unter der Michaelerkirche, nahe der Hofburg, war neben der Stephanskirche die wichtigste Begräbniskirche Wiens. Von den Tausenden Bestattungen im Lauf der Jahrhunderte unter der

Kirche haben sich etwas mehr als zweihundert Särge einigermaßen gut erhalten. Die anderen sind zu Staub zerfallen, Reste von Holz und Gebeinen wurden mit immer neuen Schichten aus Lehm und Sand notdürftig bedeckt.

Etwas besser ging es den Bestatteten in den sogenannten Katakomben der Stephanskirche. Dort ist mehr Ordnung, Teile der Gänge sind heute nobel gepflastert. Das war immer schon der größere und noch prominentere Friedhof. Dort liegen rund zehntausend Tote. Ebenfalls viele Namenlose, aus zerfallenen Truhen auf Berge geschlichtet, aber auch Adelige und die Bischöfe. Nahe dem Sarkophag des Gründungsherrn von St. Stephan, Herzog Rudolf IV. (gest. 1365), befinden sich die Eingeweide der Habsburger. Sechsundsiebzig Kupferurnen stehen in der Herzogsgruft, von Kaiser Matthias (gest. 1619), dem Gründer der Kapuzinergruft, über Kaiserin Maria Theresia (gest. 1780) bis zu Erzherzog Franz Karl (gest. 1878), dem Vater von Kaiser Franz Joseph. Die späteren Mitglieder des Hauses Habsburg wurden dank besserer Methoden schon mitsamt den Eingeweiden einbalsamiert. Die durchlauchten Leiber des Kaiserhauses ruhen in der Kapuzinergruft, in zumeist prunkvollen Särgen und wohlgeordnet. Deren Herzen, wieder extra, in Urnen in der »Herzlgruft« in der Augustinerkirche, oder, als Referenz an die österreichisch-ungarische Doppelmonarchie, in der Krypta des Benediktinerklosters Pannonhalma. Die Herzen des letzten Kaisers von Österreich, Karl I. (gest. 1922) und seiner Frau Zita (gest. 1989) liegen im Schweizer Kloster Muri.

So viel verwirrendes Aufheben machte man mit Normalsterblichen nicht. Alle mussten unter die Erde, aber der Platz war knapp in der engen Stadt. So wurden die Gewölbe unter den Kirchen zum Friedhof. Mit den Katakomben beim Stephansdom hat man sich auch immer mehr unter das Gelände außerhalb des Domes vorgearbeitet, bei der Michaelerkirche blieb man weitestgehend innerhalb der Fundamente. Vier Kirchendiener mussten, so wird aus dem achtzehnten Jahrhundert berichtet, immer wieder über die Gruftdeckel einsteigen und die Grüfte räumen. Zehn Gulden bekamen sie für das Aufschlichten der Knochen. Dennoch lagen viele Särge oder deren Trümmer kreuz und quer übereinander, als die Salvatorianer das Kloster 1923 von den ausgezogenen Barnabiten übernommen haben. Lange hat sich niemand um die Toten geschert, gelegentlich wurden Schäden in der Gruft notdürftig behoben. Die Leichen hatten ihre Ruhe, bis in den siebziger Jahren ein Pfarrer der Michaelerkirche, der Salvatorianerpater Wolfgang Worsch, auf die Idee kam, die Gruft öffentlich zugänglich zu machen. Er spekulierte mit dem Interesse an altem Totenkult und hoffte, damit Leute auch in die Kirche zu bringen.

Inzwischen ist Pater Wolfgang über neunzig. Zwei Wochen lang, so erinnert er sich heute noch, hat er mit einem Burschen den gröbsten Schutt und Dreck aus den wiederentdeckten Gängen geräumt. Seit 1784 war hier niemand mehr bestattet worden. Da hatte sich einiges an Patina angesammelt. Aber dann sind am ersten Tag gleich Hunderte in die

Gruft geströmt. Jetzt gibt es viermal wöchentlich Führungen. Ganz selten kommt der Pater selbst noch nach unten und erinnert sich, wie er 1977 die Elektrifizierung veranlasst hat, um Besuchern die Gruft zeigen zu können. Es ist eine Gratwanderung zwischen Pietät und Ringen um Aufmerksamkeit. Aber die historische Bedeutsamkeit rechtfertige schon die Präsentation der Mumien und barocken Särge, sagt er. Gruselig findet er das nicht.

»Tote liegen halt da, aber die liegen drinnen wie Schlafende. Bei einigen waren die Kleider zerfallen, eine war ganz nackt, aber sie sind entschlafen. Man muss sich mit dem Tod konfrontieren. Für mich ist der Tod nichts Schreckliches, nur das Sterben ist schrecklich, der Tod nicht. Nicht für einen gläubigen Menschen.«

Da zeigt er auf einen geöffneten Sarg, in dem eine Frau liegt, den Kopf zur linken Schulter gelehnt, die Augen zu, aber der Mund ist etwas offen. Schlafend eben. Woran sie wohl gestorben ist? Wer um sie geweint hat? Die weißgraue Haut wirkt fahl, aber das ist der Staub. Die zarten Hände liegen auf ihrer Brust, über dem langen dunkelgrauen Kleid. Man sieht noch den kunstvoll genähten Kragen. Das Unterkleid war offenbar weiß. An den Füßen sind Reste von Strümpfen, nur links hat sie noch einen Schuh, einen schwarzen Stöckelschuh mit barocker Masche, der rechte fehlt.

Durch die trocken zirkulierende Luft hier unten sind viele Leichen eingetrocknet, aber nicht verwest. Heute sorgen Klimageräte für gleichbleibende Verhältnisse, und die meisten der wertvollen Särge stehen inzwischen auf kleinen Podesten, getrennt von der Feuchtigkeit des Bodens. Viel Geld ist schon in die Restaurierung der barocken Särge geflossen, die sind zumeist mit Blumen oder gekreuzten Knochen und Totenschädeln bemalt. Eine Sanduhr. Eine abgebrochene Lebenskerze mit Rauchwölkchen. Symbole der Vergänglichkeit. Da ein Datum: MORTA IL GIORNO 12 DI FEBRAR DEL 1773. Gestorben am zwölften Tag im Februar 1773. Nur auf einem Deckel ist der Gekreuzigte zu sehen, in bunten, aber doch schon verblassten Farben. An einer Wand stehen Kindersärge. Zeugen besonderer Schicksale. Die meisten Truhen sind geschlossen, gelegentlich liegt ein Totenschädel drauf, da auch ein zerbrochenes Schienbein. Auf einem anderen liegen Schuhsohlen, die man irgendwo gefunden und dann vergessen hat. Dazwischen wieder Mumien in offenen Truhen. Mit offenen Mündern, als wollten sie noch etwas sagen.

Viele Künstler hat das schon zu Bildern von der Gruft angeregt. Besonders eindrucksvoll sind die lavierten Tuschezeichnungen von Herwig Zens. Fast abstrakte Botschaften aus dem Jenseits. Mit der Gruft ist die Michaelerkirche bekannter geworden als mit ihrer sonstigen Geschichte. Das kränkt den alten Pater fast ein wenig, nicht als ehemaligen Pfarrer, sondern als Kunsthistoriker. Er findet es schade, dass mehr über den barocken Hochaltar geredet wird als über den romanischen Bau oder die wunderschönen spätgotischen Heiligenfiguren von Katharina von Alexandrien und Nikolaus von Myra aus dem Jahr 1350 in der rechten Seitenkapelle. Überhaupt müsste man die Kirche heute besser beleuchten und präsentieren, dieses Kleinod aus dem dreizehnten Jahrhundert, sagt Pater Wolfgang. Aber er ist nicht mehr zuständig dafür.

Der Babenberger Herzog Leopold VI. ließ sie errichten, er brauchte eine Kirche für den Hofstaat und seine Bediensteten. Etwa um 1220 wurde sie fertiggestellt. Bis zum Ende der Monarchie, bis 1918, war sie, ebenso wie die um hundert Jahre jüngere, nicht weit entfernte Augustinerkirche, eine kaiserlich-königliche Hofpfarrkirche, auch Kaiser Franz Joseph und Kaiserin Elisabeth waren oft hier.

Jeder Quadratmeter in dieser Gegend ist bedeutungsschwer, atmet Geschichte. Vor der Michaelerkuppel der Hofburg sind alte römische Fundamente sichtbar, beobachtet vom nüchternen Looshaus, einem Hauptwerk der Wiener Moderne. Richtung Oper, fast in Steinwurfweite, residieren die Lipizzaner. Wenn man Glück hat, werden sie gerade zum Training vorbeigeführt, oder die Stallfenster sind offen. Wenn ein Hengst neugierig die Nase herausstreckt, wiehern die Touristen, mit Handys wird alles gnadenlos niedergeknipst. Hier also steht die Michaelerkirche. Die ursprünglich steinerne Haube auf dem Turm stürzte 1590 bei einem Erdbeben ein, jetzt sitzt eine schlanke Spitze auf dem Renaissanceturm. Die romanischen Portale wurden unter Pater Wolfgang freigelegt. Und die byzantinische Marienikone am Hauptaltar durfte er wieder in die Kirche bringen. Sie war nämlich gestohlen worden und dann irgendwann in Tirol wieder aufgetaucht. Pater Wolfgang veranstaltete eine große Prozession, vom Graben herauf über den Kohlmarkt zur Kirche. Im Triumphzug wurde die Madonna wieder an ihren Platz gebracht. Dass man Kirche auch inszenieren muss, hatte Wolfgang Worsch in Rom gelernt. Sechs Jahre hat er dort studiert. Sein Kunstgeschichtestudium in Wien hat er nach fünf Semestern abgebrochen, um in den Orden einzutreten. Nach dem Noviziat in Oberösterreich schickte ihn der Orden wieder nach Rom. Dort musste er sich in Latein, Griechisch und Hebräisch bewähren. Das war hart, aber nach ein paar Jahren hat er mit Kollegen auf der Straße lateinisch geplaudert. Beeindruckt und geprägt hat ihn aber die Nähe zum Papst. Die Salvatorianer waren ob der Nachbarschaft ihres Klosters zum Petersdom so etwas wie dessen Hausmeister. Jedes Hochamt von Pius XII. hat der junge Pater begleitet. Und er durfte immer fotografieren. Aus exotischen Perspektiven, von der Loggia, und auch aus der Nähe. Mit berechtigtem Stolz zeigt er Besuchern die alten Fotos, die nie veröffentlicht wurden. »Das war eine ganz einfache Kamera, aber der Ektachromefilm ist auch nach siebzig Jahren noch gut erhalten«, schwärmt Pater Wolfgang von der Farbbrillanz. Und er schwärmt von Pius. Der sei der Gescheiteste von allen gewesen, die je die Tiara getragen haben. Drei Personen mussten dem Papst damals die schweren Schleppen tragen. Das Mysterium des Glaubens wurde mit spektakulären Inszenierungen unterstrichen.

Für spektakuläre Aktionen hatte Pater Wolfgang auch später in Wien ein Faible. Als Seelsorger im zehnten und im sechsten Bezirk hatte er sich immer mehr Kontakte zu Künstlern aufgebaut. Daraufhin ernannte ihn der Bischof zum Künstlerseelsorger. Und Pater Wolfgang, inzwischen Pfarrer am Michaelerplatz, ging auf in dieser Rolle. Wöchentlich kamen die Wiener Größen der Kunst zu ihm zu einem Jour fixe. »Eine Plauderei war das, keine Glaubensstunde. Ein Künstlertreff bei Kuchen und einem Glas Wein.« So gingen Paula Wessely, Käthe Gold, Fritz Lehmann und Richard Eybner bei ihm ein und aus. »Paula war der Mittelpunkt«, erinnert er sich. Mit ihr kam natürlich auch Attila Hörbiger. Meist waren es die Schauspieler des Burgtheaters und der Josefstadt oder die Musiker aus der nahe gelegenen Oper.

Mit ihnen hat Pater Wolfgang erstmals den »Aschermittwoch der Künstler« in Wien veranstaltet. Die ursprünglich vom Schriftsteller und Diplomaten Paul Claudel nach dem Zweiten Weltkrieg in Paris begründete Begegnung von Kirche und Kunst findet mittlerweile in vielen Städten Europas jährlich statt. Aber in der Wiener Michaelerkirche waren sie außergewöhnlich hochrangig. Und spektakulär. Da tanzte der Solotänzer der Wiener Staatsoper Karl Musil fast nackt, nur mit einem Lederschürzchen bekleidet, vor dem Hochaltar den Adam, während die Stars des Burgtheaters aus der Schöpfungsgeschichte lasen. Ein Skandal lag in der Luft, aber Kardinal König stärkte dem innovativen Pater den Rücken. Jahrelang wurde der Aschermittwoch der Künstler im Fernsehen übertragen. So wurde St. Michael zur Kirche der Künstler. Und Pater Wolfgang deren Vertrauter. Eng befreundet war er auch mit Alfred Hrdlicka, dem genialen Bildhauer, »obwohl das nicht immer einfach war, mit seinem Saufen und seinen drei Weibern«, sagt er. Heute noch zieren Skulpturen von Hrdlicka und seinem Schüler Ben Siegel einen Innenhof im Gebäudekomplex neben der Kirche.

Auch er selbst hatte aus dieser Zeit als Künstlerpfarrer viele Bilder und Skulpturen. »Den Großteil habe ich verkauft und verschenkt.« Mit Ausnahme seiner vielen Bücher, die in seiner Dachwohnung im Kloster einen Gang mit zweihundert Quadratmetern ganz für sich allein beanspruchen, habe er sich von diesem Teil seines Lebens getrennt, erzählt der erstaunlich jung wirkende Pater und kommt dann doch wieder auf die historische Bedeutung des Klosters zu sprechen, auf die aus 1714 stammende gewaltige Orgel von Johann David Sieber oder das Sommer-Refektorium des Klosters, mit riesigen Gemälden aus dem frühen achtzehnten Jahrhundert. Und auf die Gruft.

Ja, der Tod habe in Wien schon eine besondere Bedeutung. Die Leute sterben zwar überall, aber hier hat der Tod seine Glorifizierung erlebt. Mit einem großen Begräbnis werde den Verstorbenen nachträglich Dankbarkeit gezeigt. »Als Bub habe ich noch ganz pompöse Leichenfeiern erlebt«, erzählt Pater Wolfgang. »Bei uns im Haus ist ein einfacher Trafikant gestorben, aber im Portal wurde er offen aufgebahrt, alles war schwarz verhängt, und ein Leichenwagen mit vier Pferden hat ihn zum Friedhof gebracht.« Das komme aus der Barockzeit, aus der Zeit von Kaiserin Maria Theresia, analysiert der Pater, im Historismus habe man das wieder aufleben lassen, nachdem es seit Joseph II. sehr sparsam zugegangen war. Zum Beispiel mit wiederverwendbaren Klappsärgen.

Auch heute ist das alles wieder sehr nüchtern, aber dennoch kann sich Wien der Faszination des Todes nicht entziehen. Mag sein, dass das aus dem jahrhundertelangen engen Nebeneinander mit den Verstorbenen resultiert. Bis Mitte des neunzehnten Jahrhunderts war Wien von einer überaus massiven Stadtmauer umgeben. Die mittelalterliche Enge wurde durch die in der Stadt liegenden Friedhöfe noch verstärkt. Auch die Toten brauchten Platz. 1508 ließ Kaiser Maximilian I. den Friedhof von St. Michael schließen. Die Menschen sollten ihre Toten außerhalb der Stadtmauern begraben – aber das wollten sie nicht. Der Friedhof wurde zwar aufgelassen, aber stattdessen begann man, unter der Kirche Grüfte anzulegen. Zuerst nur für adelige Familien, soweit die nicht in der Kirche selbst ihre letzte Ruhestätte fanden. Die Werdenbergs, die Herbersteins, die Trautsons und wie sie alle hießen. Die Kirche ist voll mit mehr als hundert Grabplatten und Inschrifttafeln. Im achtzehnten Jahrhundert wurden die Stollen unter St. Michael zum begehrtesten Friedhof Wiens. Immer mehr Menschen wollten dort bestattet sein. Immer weiter wurde gegraben, Kammern zwischen den Fundamenten geöffnet. Vereinzelte Hinweise von Ärzten auf die Seuchengefahr verpufften. Zwischen 1630 und 1784 sollen laut Totenprotokollen an die viertausend Bestattungen unter der Kirche stattgefunden haben. Wegen des großen

Andrangs hatte man da schon die einzelnen Grüfte durch Gänge verbunden, zu einem Labyrinth, mit Särgen dicht neben- und übereinander. Unter dem Mittelschiff der Kirche wurden die große Pfarrgruft und die Priestergruft angelegt. Und weil der Platz eben so beschränkt war, wurden alte Särge ausgeleert, die Gebeine übereinandergeschlichtet und mit der Erde neuer Grüfte notdürftig bedeckt. So geht man in den Gängen auf den Resten Tausender Leichen. Das verbindet offenbar.

Die großen Friedhöfe vor der Stadt waren unbeliebt. Der riesige Zentralfriedhof, eigentlich so dezentral in Simmering am äußersten Stadtrand wie nur irgend möglich und mit drei Millionen Verstorbenen der zweitgrößte Friedhof Europas, ist bis heute der unbeliebteste unter den sechsundvierzig städtischen Friedhöfen. Er wurde von den Wienern erst angenommen, als die Stadtverwaltung nach 1880 begann, dort Ehrengräber anzulegen und dazu aufforderte, große Persönlichkeiten dorthin umbetten zu lassen, etwa Antonio Salieri, Ludwig van Beethoven oder Johann Nestroy. Da waren dann auch die Durchschnittsbürger bereit, sich neben Franz Schubert oder Johann Strauss legen zu lassen. Oder heute neben Udo Jürgens, neben Paul Hörbiger, neben diverse Politiker oder neben Falco.

Wien ehrt bis heute seine Größen am ehesten nach dem Tod. Es gibt keine höhere Auszeichnung als ein Ehrengrab.

Im Spätbarock war so ein Prominenter der 1782 verstorbene Hofdichter Pietro Metastasio, Librettist von Wolfgang Amadeus Mozart. Er hatte neben der Michaelerkirche gewohnt und wurde unter ihr begraben. Getrennt von seinen Eingeweiden, wie in gehobenen Kreisen damals üblich, die ruhen daneben, in einem luftdichten Kupferkessel – und zwar laut Touristenführer »noch immer flüssig – wie Apfelkompott von vorgestern«. Der bronzierte Holzsarg steht als einziger seit damals auf einem Podest. Neben ihm mündet die Sargrutsche in die Gruft. Wer sich Sargträger nicht leisten konnte, musste die Truhen hier hinuntergleiten lassen. Nur die Grüfte der Adelsfamilien wurden direkt von der Kirche aus befüllt, bis Kaiser Joseph II. mit einem eigenhändigen Dekret 1784 diesem Begräbniskult aus hygienischen Gründen ein Ende setze. Es wäre nicht Wien, hätten nicht Einzelne es selbst danach noch geschafft, dort bestattet zu werden. Aber dann wurde die Michaelergruft doch geschlossen – und vergessen.

Bis man sie wiederentdeckte und mit der Restaurierung begann. Da kam dann die Zeit von Pater Wolfgang Worsch, wenn er nicht gerade mit Paula Wessely Kaffee trinken musste oder Alfred Hrdlicka zum x-ten Male ins Gewissen redete, doch ein ordentlicher Mensch zu werden. Kein leichter Spagat, so ein Leben zwischen Künstlern und Skeletten.

Der Wein und der Tod

Im Wienerlied sind Lachen und Weinen Zwillinge

»Wean, du bis a Taschenfeitl, unter an Himmel aus Schädelweh.« Auf so einen Vergleich muss man erst kommen.

Die Menschen besingen am liebsten ihre Liebe, oder die, die sie gerne hätten, die unerfüllte. Tausende Belege gibt es dafür, von der Opernliteratur bis zum billigen Schlager. Am zweithäufigsten werden die Orte dieser Liebe besungen, auch die der gescheiterten, der schwierigen, der bitteren. Ganz Paris träumt von der Liebe. Weil sie dort angeblich ja zu Hause ist. Auch in Wien soll sie gelegentlich vorkommen, aber in den Liedern über die Stadt scheint die Hassliebe zu dominieren. Ein abgewetzter Taschenfeitl. »Du gibst kan Hoit und host ka Glander, mechst gern an jeden obezahn!«, schreibt André Heller weiter in diesem Lied über die Untiefen der Stadt. Gemeint sind wohl die Untiefen der Wiener Seele, die changieren zwischen himmelhoch jauchzend und zu Tode betrübt. Meist betrübt. Zwischen Walzerseligkeit und Weinseligkeit. Mehr beim Wein als beim Walzer. Davon kommt das Schädelweh.

Lieder über Wien sind eine eigene Musikgattung. Über viele Städte gibt es Lieder, die meisten angeblich über New York. Einige Zigtausend sollen das sein. Frank Sinatra war da fleißig dabei. Aber nur die Lieder über Wien heißen Wienerlieder. Lieder über Berlin zum Beispiel sind Berliner Lieder, aber nie Berlinerlieder.

Kluge Statistiker aus Deutschland haben ausgerechnet, dass es rund dreitausendfünfhundert Lieder über Wien gibt, womit die Stadt in der Gunst der Notenschreiber weit abgeschlagen hinter Paris, London & Co. rangiert, gerade noch vor Amsterdam. Gefühltermaßen sind die Lieder über Wien freilich weit häufiger als die über New York. Egal. Entscheidend sind aber ohnehin die Inhalte. Und die haben es allemal in sich.

Entstanden ist das Wienerlied im siebzehnten Jahrhundert aus dem studentischen Leben. Vermutlich haben sich die Bänkelgesänge und Zoten damals in Wien nicht rasend von jenen in Prag oder Leipzig unterschieden. Kaiser Joseph II. hätte wohl nie gedacht, dass er mit seinem Privileg an die Weinbauern, ihren eigenen Wein ausschenken zu dürfen, zum Geburtshelfer einer Musikgattung würde. Die Heurigen wurden zu deren Hauptmotiv und zum Hauptaufführungsort gleichermaßen. »Es wird a Wein sein und wir wern nimmer sein« wurde zum Leitsatz für Generationen von Trinkern und Sängern. Das Biedermeier war das ideale Biotop einer angeblich unpolitischen Gemütlichkeit. Die Angst vor Metternichs Spitzeln ertränkte man im Wein, und wahrscheinlich haben diese Spitzel beim Heurigen mehr erfahren als sonstwo. Franz Schuberts melancholisch-süßliche Lieder in gutbürgerlichen Stuben bekamen Konkurrenz durch die Schrammelmusik. Die Gebrüder Schrammel begründeten im neunzehnten Jahrhundert das Quartett aus zwei Violinen, Kontragitarre und G-Klarinette, das bald Kronprinz Rudolf und Kaiser Wilhelm ebenso in seinen Bann zog wie Johann Strauss oder Johannes Brahms. In allen Städten der Monarchie feierten sie Triumphe, auch als später die Klarinette, das picksüße Hölzl durch die Ziehharmonika, die Quetschn, ersetzt wurde. In dieser Zusammensetzung findet man Original-Schrammelmusik bis heute. Wien hatte dadurch mit einem Schlag eine eigene Volksmusik und konnte nun mit der um Jahrhunderte älteren Tradition der alpenländischen Regionen mithalten. *Du guater Himmelvater* war ein Schlager von damals, oder *Mein Liebchen wohnt am Donaustrand*. Viele der Komponisten und Textdichter sind in Vergessenheit geraten, aber das Genre lebt. Zwischendurch war es etwas in den Hintergrund getreten. Zwischen den beiden Weltkriegen hatte man andere Sorgen, und die verscheuchte man mit Swing, Jazz und Foxtrott. *Was macht der Meier am Himalaya* war eine der weltbewegenden Fragen der zwanziger Jahre. Mit *Halt dein Calabreser fest, die Musi kummt* hielt Hermann Leopoldi dagegen, mehrere Hundert Lieder hat der Klavierhumorist, wie er sich selbst bezeichnete, hinterlassen, darunter bedeutungsschwere Werke wie *Schön is so ein Ringelspiel*, aber auch den im KZ geschriebenen *Buchenwald-Marsch*. Politik war im Wienerlied selten, meist nur versteckt. Die Not im Alltag wurde sowieso mit Wein hinuntergespült. »*I bin a stiller Zecher*«, sang Hermann Leopoldi, und in den fünfziger

Jahren betrieb Hans Moser eine Ahnenforschung der besonderen Art. »I muaß im frühern Lebn eine Reblaus g'wesen sein«, so seine Erkenntnis, »sonst wär die Sehnsucht nicht so groß nach einem Wein.« Der wohl bis heute berühmteste Proponent des Wienerlieds, der nuschelnde Grantler, wurde zum Inbegriff der Wiener Seele, ihm nahm man es in jeder seiner Filmrollen ab, wie wohl er sich beim Heurigen fühlte. Er sang dort tatsächlich gerne, oder auch in Cafés, etwa in dem von Karl Föderl im siebzehnten Bezirk in der Veronikagasse. Der war zugleich ein begnadeter Liedkomponist und hatte die *Reblaus* geschaffen. Was nicht hieß, dass die beiden textsicher waren. Eines Tages, als Moser dort auftrat, hatte er vergessen, wie das Lied anfängt, fragte Föderl, und der flüsterte: »I waß net!« Worauf Moser begann mit »I waß net was des is, i trink so gern a Flascherl Wein.« So war das Intro entstanden. Die letzte Zeile des Liedes lautet: »Und wann i stirb, bitteschön, möcht ich a Reblaus wieda werdn.« Damit sind die beiden wichtigsten Pole des Wienerlieds beschrieben, wie sie für Jahrzehnte Gültigkeit hatten: der Wein und der Tod.

Man könnte heute meinen, ganz Wien war damals permanent besoffen. Vielleicht weil man so den Tod verdrängen wollte. Aus Grinzing konnte man, wenn man nicht mehr aufrecht heimgehen konnte, auch Postkarten schicken. Grinzinger Rauschkarten (die hießen wirklich so), Karikaturen mit torkelnden Männern vor einem torkelnden Kirchturm. »I kumm aus Grinzing mit an klan winzigen Affen nach Haus«, konnte man da ankündigen, falls die Karte schneller war. Tragischer war schon: »Mir hat heut tramt, es gibt kann Wein mehr.«

Die Melancholie, die in der Tradition des Wienerlieds liegt, hat nichts mit Traurigkeit zu tun. Mit Pessimismus schon eher. Wenn es den Wienern einmal gut ginge, würde es ihnen nicht gut gehen. So ist ihr Lebensgefühl. Melancholie kann man nicht lernen, die hat man einfach, sagte der vielleicht prominenteste Vertreter des Wienerlieds der Gegenwart, Ernst Molden. Er mag die Schwere der Psyche. »Ich schätze die Melancholie, weil sie ein Glücksgefühl im Wissen um die Endlichkeit des Glücks ist. Wenn du glücklich bist, aber weißt, dass es eines Tages zu Ende sein muss, dann bist du melancholisch«, so seine Definition in einem Interview. Der Spross aus einer traditionsreichen österreichischen Literaten- und Verlegerfamilie, seine Großmutter hat den Text der Bundeshymne geschrieben, wurde durch den Tod von John Lennon zum Gitarrenspielen animiert. Er war Polizeireporter, ist Kolumnist und Autor. Die Lyrik seiner Texte ist musikalisch verwurzelt im Blues, im Folk oder auch im Rock. Eine Wiener Mischung, durchaus politisch, wenngleich nicht so vordergründig wie das politische Wienerlied der Austropopper im Wien der siebziger Jahre.

Damals hatte man den Aufbruch der Achtundsechziger entdeckt. Mit etwas Verspätung, wie das hier so üblich ist (und wodurch man sich auch so manches kurze Irrlicht erspart), verschrieb man sich der Verbesserung der ganzen Welt, zunächst der Kritik an ihr. »An Atommüll hätte ma da«, ätzte Arik Brauer, der Maler des Phantastischen Realismus, und lehnte sich auf gegen den ungebremsten Fortschrittsglauben. »Sie ham a Haus baut, sie ham uns a Haus herbaut«, beklagte er. Und damit es ja jeder verstand, erklärte Brauer eines seiner bekanntesten Lieder einleitend gleich selbst. »Das ist ein beinhartes Protestlied«, griff er zum Holzhammer, um Feigheit und Doppelmoral anzuprangern. *Sein Köpferl in Sand* zu stecken dürfte freilich kein Wiener Spezifikum sein. Wienerischer war da Ludwig Hirsch, wenn er dunkelgrau und scheinbar harmlos erzählte, wie *Die Omama* das Hitlerbild am Spitzendeckerl bewahrte. Das war die Zeit, als das Wienerlied und der Austropop miteinander verschmolzen, manchmal auch im Kleid eines Chansons. Chansons aus Währing waren das, oder aus Grinzing. Georg Danzer, Wolfgang Ambros, Rainhard Fendrich, allesamt Wiener, hatten damit Erfolg.

Davor war zeitgenössische Unterhaltungsmusik aus Österreich schon für tot erklärt gewesen. Die amerikanische Popkultur hatte alles überdeckt. Auf Deutsch zu singen war out und das Wienerlied war kitschig. Aber *den Wurschtl kann kaner derschlagn*, sagt man hier, und das Wienerlied hat schon diverse Reinkarnationen hinter sich.

Karl Hodina war ein solcher Wiedererfinder. Gelernter Lithograf, dann Maler, ebenfalls im Phantastischen Realismus, wandte sich nach einer Augenerkrankung der Musik zu, als Heurigenmusiker in Stammersdorf. »*I liassert Kirschen für di wachsen ohne Kern*«, schmolz er dahin für seine Angebetete.

Seinen Durchbruch – und den des neuen Wienerlieds – schaffte er 1971 mit dem *Herrgott aus Sta*. Ein Wiener Chanson, sentimental, aber nicht tragisch, erzählt vom Umgang des Wieners mit seinem Gott und dem Tod. »Kindersorgen san' groß. Herrgott aus Sta'n, Du, nur alla'n, Du warst mei' anziger Trost.« Larmoyanz ist da keine enthalten, Ehrfurcht schon eher, Respekt vor dem Leben, Angst vor dem Sterben.

Mit dem Vienna Modern Jazz Quartet suchte Hodina die Fusion zwischen Wienerlied und Jazz. Diese Fusionen sind heute noch viel bunter. Bei den Jungen geht das bis in den Hip-Hop, und selbst der Rap ist keine Tabuzone mehr für das Wienerische. Das freche Duo Kreiml & Samurai engagierte für ein Dialekt-Rapalbum den Gastrapper Monobrother und verlor sich im Destruktiven: »Unsere positivste Seite ist die Negativität, drum is eh olles fian Oasch, trotz bester Lebensqualität.«

Politische Texte sind eben heute anders als zu Zeiten von Hermann Leopoldi. Deftig und ungeschminkt. Wenngleich, direkt war auch schon der Altmeister, wenn er *Die Novaks aus Prag* besang und damit Schicksale von Exilanten, oder wenn er *An der schönen roten Donau* den politischen Opportunismus der Österreicher zu Zeiten der sowjetischen Besatzung bloßlegte. Heute ist das Politische im Wienerlied meist allgemein sozialkritisch und gar nicht nur auf Wien gemünzt. Das Wienerlied ist in der Globalisierung angekommen, in allen Variationen.

Schrammel-Quartette in Originalbesetzung findet man mittlerweile selten. Mein Gott, was die Musiker kosten! Aufgespielt wird beim Heurigen immer noch, was die Saiten hergeben. Aber bescheidener, manchmal auch von Einzeltätern mit Verstärker und Playback, ist eh nur für die Touristen. Die Grenzen zwischen Heurigenmusik, Pop, Schlager und Varieté sind fließend. Junge Wilde wie Voodoo Jürgens füllen Säle und schimpfen ganz unsentimental über ihre Stadt. Ein Roland Neuwirth dagegen war immer viel sentimentaler und damit viel wienerischer. Seine Lieder stehen in der Tradition von Karl Hodina, sie sind auch gemeinsam aufgetreten, als *Briada*, so auch ein Album, und sein Ensemble nannte er konsequenterweise die Extremschrammeln. Der gebürtige Floridsdorfer, vom Vater schon mit Wienerliedern konfrontiert, sah sich in frühen Jahren im Jazz, bis er erkannte, er ist ja »born in Floridsdorf« und nicht in Chicago. Seine Finger mit dicken Ringen dran zupften die Kontragitarre, dazu zwei Geigen und eine vitale Knöpferlharmonika – und mit Doris Windhager eine weibliche Stimme, die im Wienerlied selten ist, die aber das Raunzen und Sudern, das tief Unzufriedene, in ihren gezogenen Phrasen mit dunkler Überunterstimme bedeutungsschwanger verstärkte und zugleich das depressive Herz erwärmte.

Die kleinen Bühnen und engen Gänge beim Heurigen waren für diese Formation viel zu klein, mit ihren Erfolgen füllten sie sogar das große Wiener Konzerthaus, aber mit sechsundsechzig hatte Roland Neuwirth für sich erkannt, *Die Zeit is a Gauner*, nahm seinen Strohhut und läutete 2016 mit einigen Konzerten nach über vierzig Jahren Extremschrammeln das Ende der Formation ein, um sich ganz dem Komponieren zu widmen. »Mit sechsundsechzig ist man keine fünfundzwanzig mehr«, sagte er, der mit schelmisch-freundlichen Augen, Bart und langen Haaren eine Gemütlichkeit ausstrahlt wie kein zweites Wiener Original. Doch jeder Abschied in Wien liebäugelt in Koketterie mit dem Hoffentlich-doch-nicht-Endgültigen:

Na geh, eins trink ma noch.
Ein Fluchtachterl.
Ist ja schließlich das Letzte.
Stimmt. Mit Tränen aufgspritzt.
Na gut, eins noch.
Im trauten Lokal.
Aber dann geh ich.

Neuwirth und die Extremschrammeln gingen nach dem Fluchtachterl wirklich ab, aber nicht nur ihre Tonträger beweisen, dass das Wienerlied zeitlos ist. Schauspieler wie Erwin Steinhauer singen Hermann Leopoldi und im Volkstheater gibt es Liederabende über *Wien ohne Wiener*. Der 2011 verstorbene Georg Kreisler hatte diese Vision einer Stadt ohne Einwohner, in der der Wein an den Rebstöcken ungetrunken bleibt und wo es statt des Antisemitismus nur noch ein Antiquariat gibt, »damit wenigstens die Vorsilbe erhalten bleibt«. Diese Vorstellung war für den 1955 aus der Emigration Zurückgekehrten herrlich, blieb aber unerfüllt. Seine Liedkunst, zynischer und tiefgründiger als die meisten Heurigenverse, wird weitergetragen. Nachfolger sind durchaus vorhanden, oft aber sehr im Verborgenen. Die finden ihr Publikum aber kaum noch beim Heurigen, eher über diverse Veranstaltungen. Kleine Festivals, wie jährlich eines am Spittelberg, oder das größere »Wean hean« mit Bühnen vom Bockkeller bis zum Konzerthaus sollen junges Publikum anlocken und verführen, ins alte Wienerische hineinzuhören und dem jungen Wienerlied, dieser Manifestation der Wiener Lebensart, neuen Auftrieb verleihen. Es bleibt zeitlos, große Gefühle in weiche Melodien zu gießen. Lachen und Weinen sind sowieso Zwillinge hier, wo Lebensfreude und Melancholie noch nie ein Widerspruch waren.

Olles Oasch

Die Untiefen der Sprache entblößen die Seele

Wien bleibt Wien. Das ist eine gefährliche Drohung, die so aber auch nicht ganz stimmt. Immer ändert sich etwas. Die Wiener Stadtregierung hat, so scheint es, nichts anderes im Sinn, als immer neue Vorschriften zu erfinden, zu deren Umsetzung immer mehr Beamte erforderlich sind. Die meisten davon betreffen gefühltermaßen die Autofahrer. Und auf den Wiener Bühnen ist das, was einmal das schöne Burgtheaterdeutsch war, in einem verzweifelten Rückzugsgefecht. Absolventen von Berliner Schauspielschulen verschlucken die Endsilben wie es eben im deutschen Deutsch so üblich ist. Dass eine Stimme einen ganzen Raum zu füllen hat, ist offenbar keine Grundanforderung des Theaters mehr und bisweilen wird genuschelt, dass es eine Freude ist, eine eingeschränkte freilich, wenn man ab der dritten Reihe nichts mehr versteht. Okay, Hans Moser nuschelte auch. Und wie! Aber Nestroy im Burgtheater mit norddeutschem Einschlag, das ist Brutalität für die Gehörknöchelchen.

Immer ändert sich etwas. Das gilt eben auch für die Sprache.

Die Filmindustrie hat mit ihren Synchronisationen zumeist amerikanischer Movies ein Einheitsdeutsch gefördert, das wie eine gleichmäßig dicke

Suppe den gesamten Sprachraum von Hamburg bis Klagenfurt überzieht. Eine Zeit lang wurde zudem Umgangssprache mit Ungebildetheit gleichgesetzt. Wer etwas auf sich hielt, oder zumindest so tun wollte, hielt seine Kinder an, ja nicht im Dialekt zu reden. Das Möchtegernhochdeutsch brachte die Dialekte in Bedrängnis. Großflächige Sprachfärbungen sind immer noch erkennbar. Natürlich hört man, ob jemand in Kärnten oder in Vorarlberg aufgewachsen ist. Aber ob jemand aus Mauerbach kommt oder aus Hütteldorf hört niemand mehr heraus. Die Differenzierungen des Wienerischen zur Sprache des Umlands haben sich längst verschliffen. Mit dem Ende der Monarchie und der Abschaffung des Adels, so scheint es, ist auch das schöne Schönbrunnerdeutsch untergegangen. Wer es heute noch pflegt und dabei vor allem die nasalen Anklänge der alten Noblesse vor sich herträgt, ist in Gefahr, wie eine Karikatur aus einer alten Zeit zu wirken. Was früher nobel war, ist heute antiquiert. Wer fein wirken will und dabei sehr »feun« auftritt, wird zum Gespött.

Vorbei sind auch die Zeiten, wo man an der gutturalen Tiefe des »L« unterscheiden konnte, ob dieser Urlaut zu einer Geburtsurkunde aus Meidling oder aus Ottakring passt. Allenfalls ist eine starke Dialektfärbung Ausdruck des familiären Bildungsmilieus, aber nicht mehr des Grätzels. Der Anteil an Zugewanderten trägt Seines dazu bei. Die allgemein gepflegte »schöne« Sprache auch in der gehobenen Bildungsschicht ist nicht das Burgtheaterdeutsch, sondern ein Standarddeutsch. Wobei das wienerische Idiom in einer milden, abgeschliffenen Form durchaus salonfähig ist und bei Jüngeren auch wieder mehr Anklang findet.

Das Wienerische ist etwas sehr Musikalisches. Es hat viele Einschläge vom Jiddischen und vom Tschechischen, vom Französischen und vom Türkischen. Die Geschichte lässt grüßen. Der Wiener *Schmäh*, dieser Begriff also, der die nie genau fassbare Form von Humor und lässiger Kommunikation umschreibt, kommt, so meinte der Komponist, Kabarettist und Autor Peter Wehle, aus dem Jiddischen und bedeutet so viel wie Erzählung, Gehörtes. Andere meinen, das sei nur die abgeschwächte Form von Schmähung, Verächtlichmachung. Letztlich ist all das in dem Wort enthalten. Jedenfalls, der *Schmäh* kommt ohne den Dialekt nicht aus. Und das Wienerlied schon gar nicht. Auch dort, wo man nicht in der Tradition des Wienerlieds steht, werden alte Dialektausdrücke wieder aufgegriffen und neu verarbeitet. Die junge Band Harbetanz preist ihr Debütprogramm als Wiener Musiksatire an, mit *raunzatn* Bluesrhythmen, *beißata* Satire, *goschatn* Boogieklängen und *tramhappatn* Texten, dazwischen wechseln *damische* Reggaetöne, *wualate* Musettes, *plärrate* Balladen und *dreckata* Funk. All das erzählt *nockate* Wahrheiten. *Grantig* heißt eine Nummer, eine andere schlicht *Genial. Eh kloa*, wie das in Wien so ist.

Die Sprache in ihrem weichen Klang unterstreicht das Unverbindliche, mit dem sich die Wiener gerne vor harten Fakten drücken. »*Schau ma amal, dann seh ma schon*« ist eine Formel, mit der man stramme Preußen auf die Palme bringen kann. Konsequenterweise wird auch der Konjunktiv sehr gepflegt. »Kunntast du da vurstölln, dass du des mochn kenntast?« Wer kann da schon Nein sagen.

Ähnliche Feinheiten gibt es aber auch im Vokabular selbst. So macht es einen großen Unterschied, ob eine »gnädige Frau« gnädig ist oder es gnädig hat. Sie ist entweder verzeihend oder in Eile. Wobei sich schon die Berechtigung, als »gnädige Frau« bezeichnet zu werden, verschoben hat. Früher musste man dafür aus einem sehr guten Haus sein, aus einem Stand, der jedenfalls eindeutig höher war als der des gemeinen Volkes. In der Folge wurde der Begriff richtiggehend inflationär angewendet, jede Verkäuferin bezeichnete nachgerade jede weibliche Kundschaft als »gnädige Frau«. Als Ersatz für einen unbekannten Titel, den die Dame doch sicher hat, weil in Wien ja alle einen Titel haben. Die Männer sind Hofrat oder Professor, ob sie wollen oder nicht, die Frauen sind Gnädige. Wenn die Verkäuferin selbst wo einkauft, fließt ihr die Anrede als gnädige Frau selbst wie Honig hinunter.

In feinen Variationen kann die förmliche Anrede sogar eine gewisse Hinterfotzigkeit enthalten. Die Kurzform Gnä' Frau ist nämlich schon viel unverbindlicher, beiläufiger. Und überhaupt nur Gnädigste genannt zu werden, kann sogar bedeuten, für eine schusselige Tussi gehalten zu werden. Wobei es da wieder ganz genau auf den Tonfall ankommt. Wird das Gnädigste besonders gedehnt, dann weiß man genau, was das Gegenüber von der Dame hält. Nämlich nichts. Und schusselig wiederum kann bedeuten, die Besagte ist fahrig und nervös, oder aber, wenn sie total schusselig ist, dann hat sie einen Schuss. Das freilich muss noch nichts mit Rauschgift zu tun haben. Das würde nämlich bedeuten, dass man sich einen solchen gesetzt hat.

Wienerisch ist kompliziert, nicht umsonst gibt es eigene Lexika, um dem Uneingeweihten wenigstens die wesentlichsten semantischen Bedeutungen zu erklären. Ganz funktioniert das sowieso nie.

Sosehr der Dialekt mit seinen feinen Nuancen im öffentlichen Alltag auf dem Rückzug ist, so wenig kann das Kabarett ohne ihn auskommen. Hier schlägt dem Publikum besondere Deftigkeit entgegen. Kabarettisten brauchen die feinen Variationen der Sprache, aber offenbar auch so manche Kraftausdrücke, zumindest dann, wenn das Ordinäre die Not am Witz wettmachen soll. Tief in diese Truhe greifen der ehemalige Würstelverkäufer und als Kaiser-Persiflage bekannt gewordene Schauspieler Robert Palfrader oder Michael Niavarani, ein Wiener mit persischen Wurzeln. »Ein Trottel kommt selten allein«, befindet Letzterer in seinem Buch. »Die ordinäre Pointe oder der vulgäre Satz passen dorthin, wo sie hingehören«, verteidigt Niavarani seine Sprache, es sei demgemäß »keine bewusste Entscheidung, dass ich ›Oasch‹ oder ›pudern‹ sage«. Und: Ein Trottel sei ja noch kein Idiot. »Wenn man das jetzt wienerisch betrachtet, ist das Attribut Trottel fast ein Kompliment. Also mein österreichischer Großonkel, der Onkel Franz, hat seine liebsten Freunde mit den Worten ›Seavas, Deppata!‹ begrüßt, das war ein Liebesbeweis. Leute, die er nicht mochte, hat er mit ›Küss die Hand, Frau Hofrat‹ begrüßt. Und da habe ich gewusst, wenn der freundlich grüßt mit ›Küss die Hand, Frau Hofrat‹, dann mag er die Dame nicht«, plauderte er in einem Interview aus seiner familiären Denkschule.

Wie sehr er den früheren Bundeskanzler Kern mochte, ist nicht ganz klar. In einem viel gelikten Facebook-Video traf er ihn angeblich zufällig auf der Straße und fragte: »Haben Sie eigentlich ein Maurer-Dekolleté?« Auf des Kanzlers Gegenfrage, was man dazu brauche, antwortet Niavarani ganz ohne Rücksicht auf Etikette: »Mit Verlaub, einen mordstrumm Oasch.« Der logische Zusammenhang zwischen sonnenverbranntem Hals und der Größe des Hinterteils erschließt sich nicht ganz, aber Niavarani macht Quote durch Zote.

Wobei – eine besondere Betrachtung verdient die Beziehung des Wieners zu seinem Hinterteil schon. Nicht zu seinem jeweiligen im Besonderen, sondern zu dem im Allgemeinen. Warum das so ist, ist noch unerforscht, aber in der Sprache gibt es hier zahlreiche entscheidende Nuancen, die zwar alle ziemlich deftig und unfein klingen, aber dem tiefsten Inneren der Wiener Sprachseele entspringen. Entscheidend sind hier die, wenn man so will, geografischen Feinheiten, also die genauen Ortsbestimmungen, die freilich nie wirklich als absolut zu betrachten sind, sondern in ihrer Relativität zum Rest des Körpers, in Wahrheit zum Rest der Welt.

Denn wenn der Wiener etwas als im Innersten dieses Körperteils zu sein befindet, also im Oasch, dann hält er es für zerstört, für erledigt, für unwiederbringlich verloren, endgültig weg. Dass die Anatomie da üblicherweise anders vorgeht, wird geflissentlich ignoriert. Von Bedeutung ist lediglich die Überzeugung, dass dem so sei.

Wenn dem Wiener dagegen etwas am Oasch vorbeigeht, dann berührt es ihn nicht im Mindesten. Nirgendwo. Mag sein, dass es ihm dabei auch am Kopf und am Hirn vorbeigeht. Aber vorbei ist vorbei, und weg.

Anders hingegen ist es, wenn ihm etwas am – eh schon wissen – geht, also nicht vorbei, sondern treffsicher quasi exakt dort gelandet ist. Dann merkt man das üblicherweise nicht an genau dieser Körperstelle, sondern an geschwollenen Halsschlagadern und ungesundem Adrenalinspiegel. Bisweilen hört man das sogar – durch lautes, aufgeregtes Kreischen. In einem Körper hängt eben alles mit allem zusammen.

Von jemandem als genau dieser eine Körperteil bezeichnet zu werden, quasi als Synonym für die gesamte Persönlichkeit, das ist alles andere als ein Kompliment. Genauso wenig spricht es für einen Ort, als Oasch der Welt zu gelten. Aber das trifft für Wien ja ohnedies nie zu.

Wenn Kurt Tucholsky einmal befunden hat: »Ein Loch ist da, wo etwas nicht ist«, dann mag das im Allgemeinen stimmen, nicht hingegen, wenn das hier zur Debatte stehende Loch eine konkrete ganze Person charakterisiert, die gibt es ja leibhaftig. Dann ist das, was nicht ist, nur dessen Charakter. In Wien wird überdies besagtes anatomische Detail in unzähligen Wortkombinationen in sehr konkrete Beziehungen zu vielem anderen gebracht, vom Wetter bis zu einem nicht funktionierenden Auto. Tucholsky war eben kein Wiener. Fluchen kann man hier besser.

Wenn etwas nur einfach oasch ist, grammatikalisch definiert: als Eigenschaftswort, dann ist dieses Etwas nur einfach mies, schlecht, von minderer Qualität, bisweilen auch schlecht ins Gemüt ausstrahlend, aber sonst nicht rasend weltbewegend.

Aber wenn dagegen einmal wirklich olles oasch sein sollte, also eben wirklich alles, dann ist das ein echter Anlass für Besorgnis. Dann sollte man die Nummer des psychosozialen Notdienstes zur Hand haben, dann ist eine umfassende Depression höchstwahrscheinlich. Wobei der Grad der Dehnung des Wortes in keinerlei Bezug stehen muss zur Ausdehnung des Körperteils an sich. Die Dehnung des Wortes ist vielmehr der Gradmesser für die Empfindung, sozusagen ein Psychometer. Und die Länge des »A« in der ganz ordinären Ausspracheform ist zudem Abbild der sozialen Einstufung des Sprechenden. Je länger desto tiefer. Das ist eine ganz eindeutige Visitenkarte. Wobei die ganz Noblen wiederum versuchen, auf das »O« in besagtem Wort zu verzichten. Da sind wir wieder bei denen, die so fein sein wollen, dass sie schon wieder »feun« sind. Vorstadtvokabular verträgt sich mit Schönbrunnerdeutsch nur unter Absonderung einer unfreiwilligen Komik.

Aber das wäre nun schon die nächste Stufe der Spezifika des Wienerischen.

Der Ton der Emotion

In Wien, wo alles schwingt, tanzen die Noten nicht nur Walzer

»Achtung, Aufnahme Takt neunundvierzig bis sechsundfünfzig«, sagt der Tonmeister in sein Gegensprechmikrofon, »Einspielung Streicher davor ab sechsundvierzig.« »Pauke beginnt in neunundvierzig«, wiederholt der Dirigent. »Klick läuft«, ergänzt der Assistent im Regieraum. Tick, tick, tick, tick. Träumerische Geigenklänge. Plötzlich Dramatik. Pauken brechen den Rhythmus, Blechbläser setzen ein Kontramotiv. »Danke, noch einmal bitte.«

Die Aufnahme ist diesmal nur ein Training, im größten und angeblich besten Tonstudio der Welt, jedenfalls dem besten für Filmmusik. Es steht nicht in Los Angeles, nicht in London. Es steht in Wien und ist achtzig Jahre alt. »Besser kann man so ein Studio heute auch nicht bauen«, sagen die Eigentümer, die es seit ein paar Jahren nutzen und drauf und dran sind, es zum Mekka der Hollywoodgrößen zu machen. Mehr als zehn Millionen Euro haben sie in das denkmalgeschützte Gebäude auf dem Wiener Rosenhügel investiert. Klimaanlage, Regieräume, Mikrofone, Instrumente. Alles vom Feinsten. Wahrscheinlich braucht es schon das Flair einer Welthauptstadt der Musik, um sich so in die Qualität von Tönen zu verlieben.

Der Boden dafür ist in Wien nicht schlecht. Hier gibt es gute Musiker mit guten Instrumenten, Orchester mit Erfahrung, Hochschulen für beste Ausbildung und Ambitionen, an die Größen der Musikgeschichte anzuschließen. Dennoch ist der Musikbetrieb in diesem Studio ziemlich konträr zu jenem, wie ihn Orchester normalerweise erleben.

Das Wiener Publikum kennt und liebt die Konzerte, wenn die Größen der Welt am Dirigentenpult stehen, von Claudio Abbado bis Seiji Ozawa, wenn der Goldene Saal des Musikvereins mit Johann Strauss Neujahrswünsche in die Welt verströmt. Wenn in der Staatsoper Juan Diego Flórez im *Rigoletto* als Herzog von Mantua in höchster Tenorbrillanz seine Liebe erklärt oder Elīna Garanča in *Samson et Dalila* zwischen inniger Sehnsucht und ekstatischem Bacchanal changiert, dann redet man darüber. Man kennt sich ja schließlich aus in Wien. Aber Filmmusik? Davon wissen die wenigsten. »Da läuft schon die Produktion ganz anders ab als ein Konzertmitschnitt«, erklärt der Chef Herbert Tucmandl, aber dennoch muss die Qualität aufbauen auf dem, was man in aller Welt aufgrund der Wiener Tradition erwartet.

Was aus Wien kommt, hat im Musikbusiness Vorschusslorbeeren und wird zugleich an höchsten Maßstäben gemessen, weiß der Komponist und Arrangeur Christian Kolonovits. Er kennt das Musikgeschehen in allen Facetten wie kaum ein Zweiter. Bekannt geworden ist er als Produzent und führender Mitgestalter des Austropop in den siebziger und achtziger Jahren. Er war Studiomusiker und Barpianist, komponierte Filmmusik und Trios für die Kultband Tiger Lillies. Er hat die bis dahin gültigen Schubladen gesprengt und wechselt heute noch spektakulärer zwischen den Genres. Für José Carreras hat er die Oper *El Juez* komponiert, »natürlich auf der Basis unserer Tradition, für Carreras aber auch mit Bezügen auf Puccini oder Verdi, was der eben gerne singt«. In Bilbao feierte er damit Triumphe. Seine Kinderoper *Antonia und der Reißteufel* hat starke Einschläge aus dem Rock, und die 2017 an der Wiener Volksoper uraufgeführte Ba-Rock-Oper *Vivaldi – die fünfte Jahreszeit* verknüpft das Barock mit der Gegenwart. Er schrieb sogar ein Duett für Andreas Gabalier und Anna Netrebko, deren musikalische Welten nicht unterschiedlicher sein könnten. Aufgenommen wurde dieser Solitär in der Synchron Stage, dem riesigen Studio auf dem Wiener Rosenhügel. »Der Streicherklang dort ist so unglaublich schön, so butterweich«, schwärmt Kolonovits, dass er sich nicht über den Erfolg der Synchron Stage in Hollywood wundert.

In der noch jungen Geschichte als modernes Studio hat Oscarpreisträger Hans Zimmer hier bereits für mehrere Projekte produziert, etwa für den Blockbuster *Inferno*, für die Netflix-Serie *The Crown* oder die BBC-Dokumentation *Blue Planet II*. Da entstanden auch Lorne Balfes Musik für *Ghost in the Shell* und der Soundtrack für Jon Turteltaubs Haifisch-Thriller *The Meg*. Die Größen aus Hollywood finden Gefallen an dem, was aus der riesigen alten Halle herauszuholen ist. In der langen Geschichte des Gebäudes taten das davor schon Herbert von

Karajan, Karl Böhm oder Yehudi Menuhin, die in den sechziger Jahren hier Schallplatten aufnahmen. Ab den vierziger Jahren wurden hier so gut wie alle Filme österreichischer Provenienz vertont. Die Heimatfilme und die Unterhaltungsfilme mit Hans Moser & Co. waren ja regelrecht Serienproduktionen, und für die berühmte kitschige Sissi-Trilogie mit Romy Schneider und Karlheinz Böhm saßen die Wiener Philharmoniker im Saal.

Der Traum von Wien als Big Player des Films ist viel älter. Als sich das Ende der Stummfilme abzeichnete, wurde groß investiert. In Sievering und Schönbrunn standen Ateliers, und auch am Rosenhügel. Hier sollte eine Filmstadt von internationalem Format entstehen. Die Nazis wussten um die Macht des Films. Bewegtes Bild sollte die subkutane Propaganda tragen, scheinbar harmlose Geschichten einer heilen Welt sollten das unheile Weltbild verfestigen. Und das in höchster Qualität. »Eine Synchronhalle im Innenmass von zwanzig mal dreißig Meter und einer Höhe von zwölf Metern stellt das vollendetste dar, das Techniker auf diesem Gebiete schaffen können«, heißt es in einem Artikel der Zeitschrift *Film* vom August 1938, der davon schwärmt, das sei »das erste monumentale Bauwerk Wiens, das zur Gänze auf den neuen deutschen Baustil ausgerichtet ist«.

1939 wurde mit den Arbeiten begonnen. Propagandaminister Joseph Goebbels selbst besichtigte die Baustelle. Das heute denkmalgeschützte Gebäude könnte auch mit modernen Mitteln nicht besser ausfallen. Als Haus im Haus. Das große Studio und noch eine zweites, kleineres, stehen innerhalb einer darübergestülpten großen Halle, die Fundamente sind jeweils völlig getrennt, die Baukörper auch. Sie berühren sich an nicht einer einzigen Stelle, um jede Schallübertragung von außen zu verhindern. Eine U-Bahn sollte nach damaligem Plan die Filmstadt erschließen. Aus Angst vor den Vibrationen der Züge fielen die Grundmauern besonders massiv aus. Neben dem Gelände war ein Flughafen geplant, als direkte Achse zum Filmstudio Babelsberg in Berlin, um Produzenten, Bonzen und Stars wie Zarah Leander oder Heinz Rühmann das Reiseleben zu erleichtern. Entsprechend schalldicht ist auch die aufwendige mehrlagige Dachkonstruktion. Heute stehen dort Wohnhausanlagen, und die U-Bahn kam auch nie. Aber der massive Bau ist bis heute unübertroffen, auch für die moderne Produktionstechnik. Früher wurden Geräusche und Musik direkt zum eingespielten Film synchron aufgenommen. Daher der Name Synchronhalle. Heute sind das viele Arbeitsgänge.

»Da wird in der Regel nicht das ganze Orchester aufgenommen, sondern zuerst die Streicher, dann die Holzbläser und dann die Blechinstrumente«, erklärt Herbert Tucmandl. »Auch die Streicherstimmen werden in verschiedenen Passagen übereinander aufgenommen, also zuerst Rhythmusfiguren, dann Melodienfiguren. Daran müssen sich die Musiker erst gewöhnen, so ein Bausteinsystem klingt nicht gleich, wie es klingen soll.« Deshalb sitzen die Musiker mit Kopfhörern im Saal, oft weit voneinander entfernt, das Tempo gibt der eingespielte Klick vor und nicht der Dirigent. Der muss achten, dass der Sound am Ende kompakt wird. Er muss schon im Kopf haben, wie es letztlich klingen soll.

Die Größe des Saales ermöglicht eine breite Aufstellung des Orchesters. Cinemascope-Bilder brauchen Cinemascope-Sound. »Vor allem amerikanische Sound Engineers wollen in der Mitte akustisch Platz für die Dialoge. Europäische Produzenten setzen die Musiker bisweilen noch konventionell entlang der Schmalseite des Raumes«, erklärt Tucmandl.

Die ganze bombastische Breite nutzte auch Christian Kolonovits für das Remake eines Austropop-Klassikers. Der *Großvater* von Gert Steinbäcker, ein Hit der steirischen Kultband STS, wurde 2016 mit schwirrenden Streicherfiguren und emotionsgeladenen Pauken beschworen: »Großvater, kannst du net owakommen auf an schnell'n Kaffee?«

Kolonovits war ein Bahnbrecher des Cross-over. Was in der Filmmusik gang und gäbe ist, der Stilmix, das Aufbrechen alter Schablonen und Schubladen, musste die sonstige Musikwelt erst langsam lernen. Mitte der achtziger Jahre war es ein Aufsehen, als er die Wiener Symphoniker zu Arrangements von Hits aus der Popmusik dirigierte. *Rock Me Amadeus* von Falco oder *St. Elmo's Fire* von John Parr konnten nicht mehr der E- oder der U-Musik zugeordnet werden. In Deutschland wollten die Scorpions mit den Berliner Philharmonikern ihr Album *Moment of Glory* neu aufblitzen lassen. Die aber zierten sich. Der Vorstand trat zurück, sogar Bundeskanzler Schröder musste vermitteln, er wollte das für die Weltausstellung in Hannover. Man holte den Arrangeur aus Wien und die Musiker willigten ein, aber sie verlangten von Kolonovits: »Du musst die Arrangements für uns schwer schreiben, wir sind ja kein Begleitorchester.« »Das hab ich dann gemacht«, erinnert sich der Künstler, »und sie haben geschwitzt! Danach hat der Tubist gesagt, ›Jetzt hast du's aber übertrieben‹. Es wurde die bestverkaufte Platte der Berliner seit ihren Karajan-Aufnahmen.« Die Goldene Schallplatte davon ist eine von vielen, die den Stiegenabgang und den Vorraum des Tonstudios in seinem Haus in Wien schmücken. Rund siebzig Gold und Platin Awards wurden ihm verliehen. Er zählt sie längst nicht mehr.

Der gebürtige Burgenländer mit kroatischen und ungarischen Wurzeln fühlt sich tief in der Wiener Tradition verankert. Sie ist die Basis für seine Erfolge. Nach dem Klavier- und Kompositionsstudium in Wien zog es ihn hinaus. Acht Jahre war er im Ausland. In Deutschland mit Boney M., in Los Angeles mit seiner Rockgruppe Einstein. Und ist dann doch wieder nach Wien zurückgekehrt. »In Wien schwingt einfach alles. Alles, was sich in den letzten dreihundert Jahren da entwickelt hat, die Menschen, die Musiker, nicht nur die in den Gräbern am Zentralfriedhof. Jede Note, die hier geschrieben wurde, schwingt«, schwärmt Christian Kolonovits. Er weiß, hier ist sein Boden. Auch wenn die Stadt nach wie vor alten Gleisen folgt.

Musikkritiker beklagen allenthalben, das Publikum der Klassik sei vergreist, die Aufführungstradition folge nur noch Ritualen. »Als Leonard Bernstein in den siebziger Jahren zum ersten Mal in der Oper im Rollkragenpulli dirigierte und nicht mit Krawatte oder Mascherl, war ganz Wien in Aufruhr«, erinnert sich Kolonovits. »Das wird nur langsam besser. Das alte Publikum hat kaum Interesse, mit neuem Approach der Musik zu begegnen«, ärgert er sich, wenn sich im Musikverein nach der Pause die Reihen lichten, weil nach einem Klassiker modernere Musik auf dem Programm steht.

So ist es nur logisch, dass diese Stadt vor allem auf die Klassiker setzt. Die bringen Touristen. Die Stadt der Musik folgt ihrem Klischee und fördert das auch mit Steuergeld. Das sei zwar schön, sagt der Musiker, man sei hier nicht wie in New York schon bei den Auditions auf Sponsoren angewiesen. »Aber bei uns wird die Vergangenheit hochgehalten, Musikverein, Strauss, Mozart, Wiener Klassik, gerade noch bis Schönberg.«

Auf öffentliche Kulturförderung kann auch der Studiobetrieb am Rosenhügel nicht zählen, obwohl hier ein eigenes Orchester am Leben erhalten wird, das alle Stilrichtungen beherrschen muss. »Die Genres vermischen sich, vom Symphonieorchester über Big-Band-Sound, Jazz und Minimal Music«, erläutert Herbert Tucmandl. »Filmmusik recording ist eine eigene Disziplin, die in der Form bisher nicht gelebt wurde«. Daher auch die Trainingsaufnahmen. Das frühere kleinere Studio ist jetzt der Regieraum. Durch zwei dicke Glasscheiben sieht man hinunter in den großen Saal. Auch hier heroben kann von klein keine Rede sein. In der Mitte ein gewaltiges Mischpult für sechsundneunzig Kanäle. Der hohe Raum ermöglicht ein Abhören wie im Saal unten. Stereo war vorgestern, Dolby Surround war gestern – der Rundumklang in 5.1, wie das die Techniker nennen, ist inzwischen auf 9.1 erweitert. Jeder Ton wird in neun getrennten Kanälen gespeichert, nicht nur von allen Seiten des Raumes, auch von oben. Denn auch im Konzertsaal wird der Schall von der Decke reflektiert. Dieser 3-D-Sound kann zwar noch nicht überall abgespielt werden, aber hier produziert man ihn schon. Für die Sound Library, die das bisherige Kerngeschäft von Herbert Tucmandl war.

Er ist gelernter Cellist und hat ein paar Jahre bei den Wiener Philharmonikern substituiert, um bald zu erkennen, dass das Konzertleben nicht Seines ist. Er begann, für Filme des Produzenten Heinz Zeggl zu komponieren. Aber bei der Umsetzung stieß er an Grenzen. Datenbanken mit voraufgenommenen Tönen und Effekten waren in den Kinderschuhen. Also starteten die beiden selbst damit, Instrumente einzeln aufzunehmen, jeden einzelnen Ton, in noch nicht gekannter Qualität. Daraus entstand die Vienna Symphonic Library, eine Datenbank aus Tönen und Effekten so gut wie aller Instrumente. Dafür bauten sie ein eigenes Tonstudio außerhalb von Wien, das aber bald zu klein wurde. Denn mit ihren Samples arbeiten Komponisten und Produzenten in aller Welt, aber deren Ansprüche stiegen. Aus dem Feedback von Top Composern wie Danny Elfman oder Alexandre Desplat wurde klar, dass diese virtuellen Instrumente nicht nur für Komposition und Layout verwendet, sondern großteils in den Originalsoundtrack übernommen wurden. Allenfalls aufgebessert mit zusätzlichen Studioaufnahmen. Und das kann jetzt in der großen Synchron Stage in genau derselben Akustik erfolgen wie die Samples. In 3-D-Sound. An die zehn Meter hoch ragen die Mikrofongalgen im Saal. »Percussion, Pauken, Trommeln haben genau den gleichen Raumklang wie die Streicher in der Liveaufnahme, das ist einzigartig in der Produktionsgeschichte«, schwärmt Herbert Tucmandl. Und Heinz Zeggl zeigt Gästen in einem Rundgang gern die vorhandenen Instrumente. Die Nebenräume sind alle noch so, wie in den dreißiger Jahren konzipiert, auch wenn ihre Funktion teilweise gewechselt hat. Ein Vorführraum wurde zum Lager für die rund hundertachtzig Mikrofone, ein kleiner Kinosaal wurde zum Fotostudio, ein Sprecherstudio zum Seminarraum. Und daneben das Percussion-Lager. »Hauptschalttafel« steht noch in alter Schrift aus den dreißiger Jahren auf der schweren Tür. Drinnen warten einige Hundert Schlaginstrumente aus aller Welt auf ihren Einsatz. Trommeln, Pauken, Shaker, Gongs, Xylofone. Eine Windmaschine, Glockenplatten »um zigtausend Euro«, stöhnt Zeggl, eine Theaterdonner-Blechplatte. »Aber das rentiert sich, das ist immer wieder im Einsatz« Und nebenan, wie Heiligtümer, die großen Konzertflügel. Bösendorfer, Steinway, Yamaha. Pianisten können wählerisch sein. »Das ist, als würden wir hier einen Ferrari, einen Bentley und einen Aston Martin stehen haben«, bemerkt Heinz Zeggl nicht ohne Stolz. Die schwarzen Boliden der Musik stehen auf Podesten, mitsamt denen sie in fünf Minuten mit dem Lastenaufzug im Studio sein können. Das ist die geringste Strapaz für die sensiblen Instrumente. Temperatur und Luftfeuchtigkeit sind dank einer neuen (und natürlich geräuschlosen) Klimaanlage exakt gleich wie im Saal, das bewahrt die Stimmungen. Und daneben der alte Orgeltisch. Die Pfeifen der alten Kinoorgel sind noch im großen Saal, aber für die Renovierung des einzigartigen Instruments fehlte bisher das Geld. Drei Manuale und unzählige Register konnten damals den Filmen imposante Effekte beisteuern. Die voluminösen Bässe der Orgel wären auch heute wieder interessant. »Denn Filmmusik muss immer bigger than life sein«, erläutert »Herb« Tucmandl.

Herb und Heinz, die beiden sind ein fixes Gespann. Tucmandl ist der musikalische Kopf für die Vienna Symphonic Library (VSL) und die Studioqualität. Zeggl ist mit seiner Filmfirma eigentlich der Eigentümer des Gebäudes, er schaut auf den täglichen Betrieb. Die VSL ist der exklusive Nutzer.

Damit wird die Halle nach Jahrzehnten wieder verwendet wie ursprünglich geplant. Für die Denkmalschützer ein Grund zum Jubeln. Seit den sechziger Jahren gehörten die Studios am Rosenhügel dem ORF, die Synchronhalle war zuletzt Probebühne für das Theater an der Wien. Das Fernsehen hatte der Filmproduktion zugesetzt. Manches wurde abgerissen, außer zwei denkmalgeschützten Hallen. Die eine weiße stammt aus 1919 und war die erste Kunstlichthalle Europas. Jetzt gehört sie einem Russen, der darin seine turnende Enkelin standesgemäß trainieren lässt. Und daneben, in Schönbrunner

Gelb gehalten, die Synchronhalle. Ein Monument für Perfektion in der Musik.

Wien wollte einst ganz groß im Filmgeschäft mitmischen. Jetzt könnte es klappen, dort anzudocken, wofür Wien berühmt ist. Wenngleich das bisher eher nur die Klassik ist. Aber schon mehrfach hat Wien bewiesen, dass hier auch Neues erfolgreich sein kann. »Man muss es nur zulassen«, sagt Christian Kolonovits.

Er weiß, wovon er spricht, er war mittendrin, als Wien die neue Szene des Austropop zugelassen hat, die mit Danzer, Ambros, Fendrich und Co. neuen Schwung in die österreichische Musikwelt brachte. Viele Erfolgslieder von damals haben heute Volksmusikcharakter. »Das war nicht überlegt, das ist einfach entstanden«, blickt Kolonovits auf die Siebziger zurück und schwärmt heute noch über die Direktheit eines Wolfgang Ambros. »*Da Hofa*, das war total neu. Das war das Zeitalter der Autodidakten, die waren oft die besseren Musiker als die Gelernten, weil sie Emotion in der Musik zugelassen haben.« Die Emotion ist für Kolonovits überhaupt das Schlüsselelement guter Musik, egal in welchem Genre. »Die Beatles haben in der Freiheit der Autodidakten eine vollkommen neue Musik geschaffen, aber mit ihren Emotionen.«

In Wien versteht man Musik niemals nur als Aneinanderreihung von auch noch so perfekt gespielten Tönen. Die Musik ist hier Emotion. Als ein japanisches Orchester einmal Otto Schenk fragte, warum der Walzer bei ihnen nie so klingt wie in Wien, klärte er sie auf: »You always play ›one-two-three‹, ›one-two-three‹. But you have to play ›one-two – and perhaps three‹.« Für Kolonovits sind Mozart und Strauss und alle Vertreter der Wiener Klassik in der Emotion der Stadt verankert. So wie Jimi Hendrix in New York oder der Salsa in Kuba.

»Die gegenwärtige Musik geht oft sehr weit weg von der Sinnlichkeit«, analysiert Kolonovits, die Klassik und Romantik habe die Sinne angesprochen. »Auch Schönbergs Gurre-Lieder mit dem großem Orchester sind für mich sinnlich«, sagt er, aber eben weil sie in Bezug zur Tradition stehen, aus der sie kommen. Für seine Kompositionen studiert er auch indische Skalen, chinesische Klangfolgen oder Reggae. »Es fließt in meine Kompositionen ein, wenn ich es inhaltlich brauche, aber das wird nie meines sein.« In Japan hat er sich mit den pentatonischen Skalen beschäftigt, die in der fernöstlichen Musik sehr verankert sind, bei uns im Jazz und in Kinderliedern. »Aber unsere Harmonik ist eingänglicher, weicher, das strahlt offenbar magisch über den Planeten«, erklärt sich Kolonovits den Erfolg der Musik aus Wien. »In Amerika baut alles auf Blues und Gospel auf, bei uns eben auf unserer Klassik.«

Das ist der Boden, auf dem auch er sich sicher bewegt. Eine Kluft zwischen Anspruch und Erfolg sieht er nicht. Auch Mozart hat Musik für die Unterhaltung geschrieben und die Wiener Klassik war immer massentauglich. »Ich komme aus der Popmusik, die braucht die Masse. Ich musste von Anfang an kommerziell denken lernen, auch für eine Oper. Ich denke natürlich dran, ob das wen interessieren könnte, was ich komponiere oder arrangiere.«

Ob ihm diese Sinnlichkeit gelungen ist, dürfen als Erste oft seine Tochter und seine Frau, die Künstlerin und Modedesignerin Brigitte Just, beurteilen. Bei Autofahrten holt er sich mit Probeaufnahmen ein erstes Feedback. Den Erfolg danach genießt er schon, aber den Rummel in der Öffentlichkeit meidet er. Er ist glücklich, wenn er unten im Keller, in seinem Studio, komponieren kann, sagt er. Ein Asket für die Musik? »Nein«, kommt es fast empört, »ich bin allem zugetan, was gut ist, gutem Wein, gutem Schnaps, gutem Essen. Und guter Musik. Ich habe nie was anderes gelernt und wäre in vielen anderen Berufen ein Dodl«, kokettiert er unglaubwürdig. »Daher zelebriere ich die Musik.«

Das glaubt man ihm wirklich. Man ist ja in Wien.

Gans wie bei der Oma

*Es muss kein Haubenlokal sein, um die Martinigans
mit Rotwein flirten zu lassen*

Es gibt Tage, da weiß man in Wien schon lange im Voraus, was man essen wird. Am Aschermittwoch zum Beispiel, da isst man Heringsschmaus. Das üppige Buffet mit Hummer und Krevetten ist zwar nicht unbedingt das, was ursprünglich als Fastenspeise gedacht war, aber das gibt es an diesem Tag überall. Oder am 11. November, da isst man eine Gans. Man kann sie auch zu Weihnachten servieren, aber da ist es nicht so streng. Da bevorzugen manche Fisch, andere essen Fondue unterm Christbaum. Aber zu Martini, da gibt es Gans. Überall, vom Marktstand bis zum Haubenlokal.

Der Brauch hat, wie so vieles in einem katholischen Land, eine Legende mit einem Heiligen als Hintergrund. Martin, ein bescheidener Frommer, wollte sich partout nicht zum Bischof weihen lassen und versteckte sich vor dem zudringlichen Volk in einem Stall voller Gänse, die ihn aber prompt mit ihrem Geschnatter verrieten.

Deshalb geht es den Viechern im November massenhaft an den Kragen. Man kann sie natürlich im Haubenlokal verspeisen. Vielleicht sogar im Toplokal der Stadt, dem Steirereck, mitten im Stadtpark. Das teuerste ist es allemal, es kann ja auch mit vier Hauben, vier Gabeln, jeder Menge Sterne und noch mehr Personal in weißen Handschuhen aufwarten. Dort zelebriert ein Kult-Koch Reize für den Gaumen des Geldadels so, dass die Gans selbst nur noch als Zitat unter den raffinierten anderen Gängen auffindbar ist.

Oder man kann sie in jedem Beisl ums Eck bestellen. Auch dort ist es oft sehr gut, jedenfalls extrem sättigend. Jeder Koch schwört auf sein eigenes Rezept. Und bei keinem Gericht gibt es so häufig einen angeblichen Geheimtipp wie beim Gansl. Mit Honig eingepinselt oder geheimen Essenzen, mit Maroni gefüllt oder mit Dörrzwetschken daneben. Knusprig muss es sein und dennoch weich, das ist die hohe Kunst.

Wenn man besonderes Glück hat, wird man zu einer Gans in ein Lokal eingeladen, das es eigentlich gar nicht (mehr) gibt.

»Hereinspaziert! Ich bin das Gemüse!«, begrüßt ein freundlicher Herr an der Tür die Eintretenden. Das schon ins Weiß schimmernde Grau seiner Haare lässt Zweifel an der botanischen Selbsteinschätzung aufkommen. »Ich bin das Gemüse«, sagt Herr Kohl dennoch, »meine Frau ist die Frau Papuschek«, erfährt man ein Stück mehr der gesamten Wahrheit, die sich sofort mit einem Blick auf ein Schild im Inneren des Lokals lüftet. Früher war das draußen, vor der Tür angebracht. Früher, als das wirklich noch ein Lokal war. »Papuschek & Kohl« war aber schon damals nur Eingeweihten ein Begriff. Auch ein Geheimtipp, wie man so sagt.

Da saß man im Garten, im Keller oder im Wohnzimmer. Heute ist das wirklich das Wohnzimmer des Ehepaars mit den zwei Namen, mehr als ein Dutzend Jahre ist es schon her, dass das Lokal geschlossen wurde. Es war einfach nur mehr anstrengend für die Familie, dieses Konzept der Gastfreundschaft in den eigenen vier Wänden als Unternehmen zu leben. Anspruchsvolle Küche in privat anmutender Atmosphäre. Klingt ja gut. Um das als Brotberuf zu ertragen, hat das Paar irgendwann beschlossen, sich dem nur jeden zweiten Monat auszusetzen und dazwischen die Privatheit zu genießen. So war nur jeden zweiten Monat geöffnet. Jänner offen, Februar geschlossen. März offen, April geschlossen.

Klingt kompliziert, war es auch. Denn wie findet man Personal, das nur jeden zweiten Monat Arbeit (und Einkommen) braucht und dennoch treu dabei bleibt, wie die Familie? Und auch das Publikum war bisweilen verwirrt. Habt ihr in diesem Monat eigentlich offen oder nicht? Jeden ungeraden Monat, aha, klar. Was jetzt – offen oder geschlossen?

Damit war also dann irgendwann Schluss. Für Jahre. Die beiden hatten ja ohnedies ihren eigenen, ursprünglichen Beruf. Edith Papuschek ist eigentlich Magister für Ernährungswissenschaft, ihr Mann Karl ist Bauingenieur. Früher hat er Straßen gebaut, dann die Errichtung von Häusern geplant und betreut. Also lebte man wieder ein ganz normales Familienleben, ohne dauernd fremde Leute im Haus zu haben.

Etliche von denen waren aber längst zu Stammgästen geworden, fast zu Freunden. Und die bohrten und drängten. Soll's das gewesen sein? Wollt ihr nicht doch wieder, jetzt in der Pension? Und sie wollten also doch wieder, die Frau Papuschek und der Herr Kohl, aber nur ein ganz klein wenig. Nur für die wirklich Eingeweihten, die ganz engen Stammgäste. In quasi privaten Runden. Zweimal im Jahr wird jetzt wieder eingeladen. Man wird per Mail persönlich verständigt, dass man wieder kommen könne. Sonst erfährt man das gar nicht.

Und dann sitzt man also wieder da, im Wohnzimmer. Die Couch ist hinausgeräumt, dafür sind ein paar Tische im Raum verteilt. »Wir haben aber noch ein zweites Wohnzimmer, ein rein privates«, sagt Herr Kohl. Zum Glück, denn wo sollte sonst das Privatleben hin?

In der Zwischenzeit hat die Regelungswut der österreichischen Beamtenseele viele neue Bestimmungen für die Gastronomie erfunden. Die alte Konzession könnte für diese private Villa heute so nicht mehr einfach reaktiviert werden. Die Eingangstür ist um vier Zentimeter zu schmal – ein Skandal! Und ein Schild zur Kennzeichnung des Notausgangs fehlt auch, für den Fall, dass man nach einer guten Flasche Blaufränkisch aus dem Burgenland vergessen hat, wo man hereingekommen ist. Und so weiter. Also muss man jetzt auf eine persönliche Einladung warten, um sich an der selten gewordenen gastronomischen Herzlichkeit zu laben. Und an dem kräftigen Rotwein.

Der ist beim Gansl genauso wichtig wie die sonstigen Beilagen. Das Rotkraut. Oder die Kartoffelknödel, die richtig picken müssen, gemeinerweise am stärksten ganz hinten am Gaumen, dort, wo man der Zunge zum Lösen des Brockens schon akrobatische Verrenkungen zumuten muss. Aber so kommt der Geschmack am intensivsten bis ins Stammhirn und entfaltet seine archaischen Erinnerungen. An das Essen aus der Kindheit, an das Gansl von der Großmutter.

Dass das im Ofen von Frau Papuschek so richtig gelingt, beginnt schon im frühen Gänseleben. Die Weidegans muss auch mit Hafer gefüttert worden sein. »Das gibt dem Fleisch das Aroma«, sagt Herr Kohl und weiß genau, wo er einkaufen muss. Wichtig sind dann die richtige Dosis Majoran und die Äpfel, die in den Bauch des Tieres gestopft werden, verrät die Köchin, die sich den Gästen aber gar nicht zeigt. Das Service obliegt dem Mann. Der öffnet eine Flasche Gager Q2 aus dem Burgenland, »der ist kräftig und leicht rustikal, aber ein idealer Speisenbegleiter zur Gans«, erklärt der gelernte Sommelier. Der Gastronomie zugewandt haben sich die beiden ursprünglich nur aus privatem Interesse an gutem Essen und gutem Wein. Aus dem Hobby wurde so das zweite Berufsleben.

Am meisten scheint das dem Hund zu gefallen. Joschi, der freche Kurzhaarmischling aus dem Tierheim, dürfte auch Sommelier sein. Er bettelt schon um den letzten Tropfen vom Q2 und nuckelt dann tatsächlich genüsslich aus der ihm gereichten Flasche. »Weißwein hat er noch lieber«, sagt Herr Kohl, »besonders den Riesling.« Ein Feinspitz, der Joschi. Am Nebentisch bekommt er sogar noch einen Tropfen Château Maucaillou, Jahrgang 2005. Wohl bekomms!

An so einem Abend wird alles von dem Federvieh genossen. Man beginnt mit einer Ganslsuppe. Das Cremige verrät schon die Kalorien, aber die kleinen, handgedrehten Bröselknödel verdrängen den Gedanken daran sofort. Die grausam gute Gänsestopfleber hat in Wien weniger Tradition als in Paris. Aber Pasteten gibt es auch hier in vielen Variationen, bis man endlich zur Hauptfrage vordringt: Bruststück oder Keule?

In der weiß-blauen Villa am Heschweg wird das Martinigansl von der Tochter serviert. Victoria ist mittlerweile erwachsen und eigentlich Volksschullehrerin und angehende Psychotherapeutin. Sie hat sich den Kindern und Jugendlichen verschrieben, besser gesagt deren Problemen. Damals, bevor man das Lokal endgültig geschlossen hat, war sie es gewohnt, als Kind zwischen den Gästen zu spielen und als Jugendliche mit ihnen zu blödeln. Diese Natürlichkeit hat sie sich bewahrt. Der Gast heute, an diesem einzigartigen Abend, gehört sowieso fast zur Familie.

Man hat wieder eine Lektion im Wienerischen gelernt. Die Gemütlichkeit ist mindestens so wichtig wie das raffinierteste Rezept. Und das Gansl schmeckt sowieso immer am besten dort, wo man zu Hause ist – oder sich zumindest so fühlen darf. Wie bei der Oma.

Lebenskünstler

Die Bobos und der Liebe Augustin

Es ist einer dieser Abende, wie sie selten sind nördlich der Alpen. Der Tag hat zu glühen aufgehört, aber die Hitze wirkt nach. Jetzt erst kann man sich auf den Straßen bewegen ohne umzufallen. Das wird weidlich genützt. Die Innenstadt überlässt man den Touristen, in den Randbezirken ist es um etliche Grad kühler, da glühen dafür die Griller in den Gärten. In einigen Bezirken dazwischen, zwischen Ring und Gürtel, herrscht Betriebsamkeit, als läge Wien am Meer.

Mediterranes Flair nennen es die einen, Dekadenz die anderen. Die Wahrheit liegt in der Mitte. Die Wiener lieben den Süden und hätten ihn gerne hier. Immer wieder haben die Mächtigen Architekten aus Italien geholt, um der Stadt auch ein Flair der Unbeschwertheit aufzupflanzen. Triest, Istrien, Dalmatien, Trient haben ja zu Österreich gehört, und das ist noch nicht gar so lange her. Was ist schon ein Jahrhundert? Aber so richtig südlich ist Wien nie geworden. Zu kalt sind die Winter, zu selten die warmen Nächte, an denen man sich fühlen kann, als wäre man in Rom oder Florenz. An diesen Abenden sind alle Wohnungen leer, so scheint es. Jedenfalls sind die Schanigärten voll. »Schani, trag den Garten raus«, hatte man den Kellnern aufgetragen, die der Einfachheit halber alle Johann und damit Schani genannt wurden.

Heute sind diese Tische voll. Es wird bestellt, als gäbe es kein Morgen, es wird konsumiert, als gälte es, ein halbes Leben nachzuholen und die zweite Hälfte vorzufeiern. Der Naschmarkt ist längst zur Fressmeile geworden, ein Lokal drängt sich ans andere. Die Gewürz- und Gemüseläden haben zu, aber die will jetzt sowieso keiner. Es ist kaum ein Vorwärtskommen, so als müsste man auf der Strandpromenade von Korfu einen Platz für ein Souflaki ergattern. Das fällt auf, weil alle heraußen sitzen wollen.

An kühleren Abenden, ja eigentlich sonst das ganze Jahr über, sind die Lokale innen gefüllt. Die jedenfalls, in die »man« geht. Sehr häufig ist es junges Publikum. Studentenalter und etwas darüber. Man muss zweifeln an allen Statistiken von Wirtschaftsforschern, die von prekären Arbeitsverhältnissen der Jungen schreiben, von kleinen Einkommen, von der Abhängigkeit von den Eltern, von schmalen Aufstiegschancen. In der Wirtschaftskrise von 2008 galt die Zukunft für die Jungen fast als Zumutung, aber auch ohne Flügelschlagen von Krisengetöse wird die Generation Praktikum ausgebeutet, bis sie endlich auch zum Zug kommt. Die hier müssen es wohl alle schon geschafft haben. Es scheint, als wäre das Geld abgeschafft und das neue Wirtschaftswunder ausgebrochen.

Auch ein paar Gassen weiter, im Museums-Quartier, ist der Innenhof voll mit Menschen. Junge Frauen treffen sich nach dem Büro mit ihren Freundinnen. Die tauschen bei Aperol Spritz und Campari Orange sicher nicht ihre Erfahrungen über das Windelwechseln aus, viel eher die über die letzte Nacht mit ihrem neuen Liebhaber. Daneben eine Gruppe junger Männer, heiß debattierend über das Computerprogramm in ihrer Firma, aber immer einen Blick frei auf das Geschehen rundum. Man weiß ja nie.

Eigene Stadtmöbel wurden kreiert, die »Enzis« aus Kunststoff bilden bunte Inseln in geometrischen Formen und wirken dennoch gemütlich. Jedes Jahr in einer neuen Farbe, mit Namen wie Tröpferlbadblau, Twinnigrün oder Sonnenuntergang. Auf ihnen wird gekuschelt und getuschelt. Hier ist die geballte obere Mittelschicht, jung, urban, gut gebildet, lebensfroh. Dem Heute mehr verpflichtet als dem Morgen. Man diskutiert über Gott und die Welt und den nächsten Urlaub. Man ist stylish gekleidet, nicht übertrieben, mit einem Hauch von alternativ. Früher wäre in der Abendhitze ein luftiges Shirt von Zara oder Desigual noch als nonkonformistisch durchgegangen, jetzt ist es Breitengeschmack. Neue Brands wie We Bandits oder Comerc Store sind nun das dezente Erkennungszeichen der jungen konsumierenden Konsumverweigerer.

Der sechste, siebente, achte und neunte Bezirk gelten als gutbürgerlich und eher alt. Zugleich sind diese Gegenden gefragt bei den Jungen. Hohe Singlewohnungen in Altbauten sind keine Seltenheit, das nötige Kleingeld vorausgesetzt. In den Medien und unter Soziologen hat sich längst eine Debatte darüber entwickelt, wie dauerhaft oder politisch relevant dieses Phänomen von zur Schau getragenem Hedonismus und Individualismus ist. Denn die Politbarometer weisen in diesen Bezirken überdurchschnittliche Sympathien zu Parteien mit alternativen Ansichten aus, oder zu traditionellen Parteien, wenn diese nur einmal einen Schwenk zu Neuem machen. Hauptsache anders.

Neu ist dieses Phänomen gar nicht, und auch nicht exklusiv in Wien. Aber hier ist es an einigen wenigen Plätzen sehr konzentriert zu beobachten, wie eben auf den Enzis im MuseumsQuartier. In Paris oder Berlin nennt man sie Bobos. In Wien ist die Bezeichnung weniger geläufig, am ehesten noch im politischen Diskurs. Vielleicht weil die ersten Bobos schon zur gesetzteren Generation gehören und die Szene der ganz Jungen sich davon abzugrenzen bemüht, ohne im Grunde anders zu sein. Hip ist das Andersseinwollen an sich, im Lebensziel, im Äußeren, in gesellschaftspolitischen Haltungen. Wenigstens ein bisschen, und doch nicht wirklich. Während sich Feuilletons noch am Phänomen der Bobos abarbeiten, verstehen die, die damit gemeint sind, dieses Etikett zunehmend als Beschimpfung, es gibt nur noch keinen anderen, umfassenden Begriff für diesen Lebensstil zwischen Konsumismus und Rebellion. Selbst die sonst so kreativen Wortschöpfer im Wienerischen haben da bisher versagt.

Schon Guy de Maupassant hat die Wortkombination »bourgeois bohème« benutzt, ein Jahrhundert nach ihm sprach man in New York eher ratlos von den »Konservativen in Jeans«, bis der *New York Times*-Journalist David Brooks dann im Jahre 2000 seinen Bestseller *Bobos in Paradise* landete und damit die neue amerikanische Upperclass beschrieb. Das wurde zum Etikett für eine Generation, eigentlich nur für eine schmale Schicht, die beruflichen Erfolg und vordergründigen Nonkonformismus zu verbinden sucht, das »Denken der Hippies und den unternehmerischen Geist der Yuppies«. Seither kennt man die »bourgeois bohémiens« im dritten Arrondissement von Paris genauso wie im Schanzenviertel von Hamburg und am Prenzlauer Berg in Berlin unter eben diesem Kürzel. Und seither wird in diesen Kreisen darüber diskutiert, ob es ein Widerspruch ist, Bio-Äpfel zu kaufen und Billigjeans aus Südostasien, ab und zu für die Dritte Welt zu spenden und sich mit Tipps über die richtigen Restaurants zu versorgen, für die Flüchtlingshilfe aufzutreten und seine Dachgeschoßwohnung zu verteidigen. Manche sehen das als Eskapismus, als Flucht ins bequeme Heute vor den Themen, die für die Gesellschaft langfristig viel wichtiger wären, andere bewundern fast neidisch, wie es immerhin Teilen einer Generation gelingen konnte, die Früchte der aufmüpfigen Achtundsechziger zu ernten und sich zugleich wohlig in den Vorteilen eines bürgerlich-konservativen Lebens zu rekeln.

In Wien sehen die Stadtpolitiker die Bobos in den Mittelbezirken durchaus gerne. Stellen sie doch zur Schau, was Politiker als Erfolg ihres Wirkens bezeichnen, dass es den Leuten gut geht, dass sie konsumieren und die Wirtschaft ankurbeln und dass sie Spaß am Leben haben. Langfristige Perspektiven sind nicht gefragt. Nicht bei der Politik, nicht bei den Bobos.

Die Klasse der Jungverdiener aus Kunst, Kultur, Technik und Medien ist zwar klein, sorgt aber durch ihr selbstbewusstes Leben in besonders begehrten Vierteln für eine Subkultur und durch ihre höhere Kaufkraft für einen Anstieg der Mieten. Der Grat ist schmal zwischen der Gentrifizierung, also einer Verdrängung der alteingesessenen Bewohner, und der gewünschten Durchmischung, der Blutauffrischung in Gegenden mit hoher Konzentration an Hofratswitwen mit Perlenketten.

Gleichzeitig weiß ohnedies niemand mehr, was nun ein Bobo wirklich ist: Die Rechten werfen ihnen »Bobo-Arroganz« vor, die Bürgerlichen halten sie für Linke und Linksparteien sehen in ihnen bürgerliche Klugscheißer. Im Herumstochern zwischen links und rechts, wohlhabend und prekär, spießig und ultramodern ist der Begriff zum untauglichen Schimpfwort verkommen.

Die Menschen, die so oder irgendwie so ähnlich leben, gibt es aber dennoch. Auch wenn sie sich zunehmend jeglicher Klassifizierung und Einordnung entziehen. Sie bestellen Jakobsmuscheln oder Krabbenbrötchen am Naschmarkt, treffen sich auf einen Mushroom-Coffee, und schlürfen im MuseumsQuartier einen Franz. Ja, das ist ein Modegetränk, so wie kürzlich noch der Hugo. Der ist aber inzwischen out. In ist es dagegen, einen Gin Tonic zu bestellen.

Gin Tonic? Das war in Wien doch das In-Getränk vor dreißig, vierzig Jahren! Sollte das mit den Modetrends vielleicht gar nicht so bedeutsam sein? Maupassant hat die bourgeoisen Bohémiens doch schon vor mehr als hundert Jahren beschrieben, die ihm in den Bistros rund um den Marché des Enfants Rouges aufgefallen sind. Was ist da bitte der Unterschied zum Naschmarkt von heute? Es könnte einem dämmern, dass die Menschen immer schon den Genuss am Leben gesucht haben. Ob man es sich nun wirklich leisten konnte oder nur dazugehören wollte. Selbst in den Notjahren der Zwischenkriegszeit waren in Wien die Bars und Nachtlokale voll.

Wir wissen ja auch nicht, ob die Mädelrunde bei Aperol und Campari auf der Enzi-Gruppe im MuseumsQuartier wirklich so locker-flockig durchs Leben kommt, wie es die Hitze der Sommernacht gerade nahelegt. Oder ob von den Jungs daneben der, der eben sein neuestes iPhone zückt, nicht gerade seinen Job verloren hat.

In den Jahren der Pest hatte diese Stadt einen Augustin, der mit seiner Dudelsackfröhlichkeit dem Wahnsinn trotzte. »Gehts und verkaufts mein G'wand, ich fahr' in Himmel«, heißt es in der Operette *Wiener Blut* von Johann Strauss. Das Couplet wurde schon hundertfach variiert, beim Heurigen und auf Varietébühnen, es ist sogar der Titel für Führungen auf dem Wiener Zentralfriedhof. Ein geflügeltes Wort für das Leben hier, sozusagen ein Generalmotto dieser Stadt. Es könnte doch sein, dass die jetzt krampfhaft als Bobos Bezeichneten in Wien immer schon existierten. Man nannte sie halt einfach anders. Lebenskünstler. Und es könnte auch sein, dass Wien einfach eine Stadt ist, in der man es versteht, gut zu leben.